ANADOLI

L'EMPIRE DU TRAVAIL

LA VIE AUX ÉTATS-UNIS

PARIS

LIBRAIRIE PLON

PLON-NOURRIT et Cie, IMPRIMEURS-ÉDITEURS

8, RUE GARANCIÈRE — 6e

1905

L'EMPIRE DU TRAVAIL

Les auteurs et les éditeurs déclarent réserver leurs droits de reproduction et de traduction en France et dans tous les pays étrangers, y compris la Suède et la Norvège.

Ce volume a été déposé au ministère de l'intérieur (section de la librairie) en octobre 1905.

PARIS. — TYP. PLON-NOURRIT ET Cⁱᵉ, 8, RUE GARANCIÈRE. — 6848.

ANADOLI

L'EMPIRE DU TRAVAIL

LA VIE AUX ÉTATS-UNIS

PARIS

LIBRAIRIE PLON

PLON-NOURRIT ET Cⁱᵉ, IMPRIMEURS-ÉDITEURS

8, RUE GARANCIÈRE — 6ᵉ

1905

Tous droits réservés

A MON FILS

INTRODUCTION

Les pages suivantes sont le résumé d'impressions recueillies pendant mon séjour aux États-Unis. Je les livre à la publicité sans aucunement prétendre offrir au lecteur un précis complet de la vie du peuple américain. Les différentes questions qui se rattachent à ce vaste sujet ont été traitées par des plumes plus autorisées que la mienne, et qu'une étude très fouillée des mœurs et des institutions de ce pays, étude pour laquelle le temps m'a manqué, a mis mieux à même d'en pénétrer les profondeurs. Ce terme ne paraîtra pas exagéré aux esprits réfléchis qui en reconnaîtront la justesse. La légèreté avec laquelle certains Européens, après un court séjour à

a.

New-Port ou toute autre ville d'eaux à la
mode, et à l'appui de quelques conversations
privées, d'articles de journaux, d'observations
superficielles, se plaisent à décrire, à expliquer, voire même à analyser psychologique-
ment la vie de cette nation, dont les conditions d'existence diffèrent si totalement de
celles du vieux monde, ne peuvent exciter que
la consternation et la pitié.

Non, certes, l'étude du peuple américain
n'est point une tâche facile. Les progrès qu'il
a su réaliser en un siècle sont sans précédent
dans l'histoire de l'humanité. Ils ont fait avec
une vitesse réellement vertigineuse, de quelques petites colonies alors sans importance,
une des nations les plus puissantes de la terre,
lui donnant droit à une mention toute spéciale dans les annales de l'histoire et de l'économie politique.

Les origines de la nation américaine n'ont
rien eu de commun avec celles des grands
États du vieux monde. Elle n'eut pas à suivre
l'exemple des races jeunes et aguerries de
jadis, qui, sous le commandement de despotes

généralement aussi forts que dépourvus de scrupules, s'emparaient, par le feu et le sang, des nations voisines moins privilégiées sous le rapport de la force et de la vitalité, pour se les assimiler et en former de vastes empires. Ce furent quelques milliers de colons libres, dont l'énergie égalait la culture, qui conquirent surtout sur la nature le sol qui est devenu la patrie de leurs descendants.

La société qui eut de pareilles origines ne devait rappeler que de loin, dans son développement, les périodes analogues de l'histoire du vieux monde. L'esprit héroïque et batailleur, qui caractérise toujours les jeunes nations appelées à un grand avenir, fut bien moins prononcé aux États-Unis qu'ailleurs. Ils eurent aussi leurs guerres et elles furent glorieuses, tant celle de l'Indépendance que celle de Sécession; mais, par le fait, ce sont surtout des victoires remportées sur la nature, qui ont établi leur grandeur. A cela, d'ailleurs, quoi d'étonnant? Il n'y avait guère de puissances voisines importantes, et les territoires les plus productifs furent simplement achetés.

Cette nouvelle société américaine fut soumise, dès sa formation, à des influences bien étranges pour un peuple européen et civilisé, tels qu'étaient les premiers colons. La race autochtone, refoulée par la civilisation, aussi bien que la race nègre, qui, malgré les mauvais traitements subis, n'a fait que prospérer sous leur régime, ont exercé, par le seul fait de leur voisinage, une influence prononcée sur le développement de la vie américaine. Loin d'avoir, comme dans les colonies latines, amolli la race blanche par des croisements directs, Nègres et Indiens ont agi, par leur présence, dans un sens tout opposé. Le danger qu'elle a comporté pendant longtemps, et comporte encore dans une certaine mesure pour les États du Sud, n'a pas été étranger à la formation de ces traits d'énergie et d'indépendance que l'on admire chez l'homme, et qui étonnent parfois chez la femme.

Le territoire de l'Union, baigné par deux océans, et coupé par deux gigantesques chaînes de montagnes, embrasse des zones presque identiques à celles de l'Europe et la diversité de ses climats n'est pas sans influence sur le développement de la nation. On se tromperait cependant en cherchant aux États-Unis une variété de types semblable à celle que l'on rencontre en Europe.

Le degré de civilisation assez avancé des premiers colons, que le climat ni aucune autre influence physique ne devait plus modifier, et la puissance d'assimilation du caractère anglo-saxon, qui sut amalgamer en un tout homogène les races blanches les plus diverses, ont produit en dépit de caractères locaux et de différences de traits, accentués par un ciel plus ou moins clément, une uniformité véritable dans le type américain d'aujourd'hui. Si l'homme du Nord se montre aux États-Unis, comme ailleurs, plus froid et plus réservé que celui du Midi; si ce dernier y présente parfois, malgré son origine, de grandes ressemblances avec le méridional européen, si les habitudes de vie diffèrent sur plus d'un point, dans les plaines du Far-West et les territoires industriels de l'Est, l'étranger n'y rencontrera plus, aujourd'hui que la question de l'esclavage est résolue, de différences notables dans les idées. Les traits essentiels de la nation américaine, c'est-à-dire ses institutions politiques basées sur une démocratie véritable qui garantit à l'individu le maximum de liberté sans reconnaître d'autre juge suprême que l'opinion publique, la force toujours vivante d'une morale née des mœurs austères des anciens puritains, le culte voué au travail, ces traits, dis-je, se retrouvent partout, au bord des deux océans, dans le Maine et au Texas. Tout au plus pourra-t-on observer, suivant les milieux divers et sous les diverses latitudes, une différence dans leur intensité. Et que l'on songe, après cela, qu'en Europe, il suffit d'une nuit de chemin de fer pour franchir des contrées où les idées sur les principes les plus élémentaires de la vie publique et privée s'écartent diamétralement les unes des autres !

Cette unification de tant de races et d'intérêts divers ne s'est pas effectuée sans difficulté ; pour que les intérêts agricoles du Sud pussent s'accorder avec les principes humanitaires du Nord, d'abondants flots de sang ont dû couler dans une guerre fratricide; mais ils y ont cimenté une unité désormais indestructible. Ce qui, d'ailleurs, plus que tout, rendit cette unité possible et viable, ce fut, on ne saurait trop l'affirmer, l'élément anglo-saxon qui en avait été le noyau primordial : élément colonisateur hors pair, d'une puissance assimilatrice sans égale, et qui, tout en préservant son sang de tout alliage nègre ou indien, a su, quoique souvent en minorité, se maintenir victorieux parmi les races blanches qui parlent aujourd'hui sa langue et qu'il a marquées pour toujours du sceau de ses vertus civiques et sociales.

Il est donc évident que l'étude, même la plus élémentaire, des mœurs et de la vie politique des États-Unis suppose une connaissance réelle de la vie anglaise et des idées dirigeantes de cette mère patrie qui a donné à sa grande colonie le meilleur d'elle-même. Et, de fait, de tous les auteurs qui ont traité de la vie américaine, ce sont ceux de la Grande-Bretagne qui l'ont le mieux comprise et le mieux expliquée.

Citons, parmi ceux-ci, le député, **M**. James Bryce (1), dont l'œuvre fait autorité sur la matière aujourd'hui. Mais il serait ingrat d'oublier, à cette occasion, le grand Français (2), qui comprit si bien, en son temps, le génie de la République d'outre-mer.

C'est un sujet assurément digne des plus sérieuses études, car, malgré quelques variations presque kaléidoscopiques, la vitalité de la nation américaine est en progression constante. Qui peut douter du rôle toujours plus étendu que la Fédération américaine jouera désormais dans les destinées du monde? Qui sait de quel poids pèsera, dans la balance de l'histoire, sa puissance toujours grandissante?

Cette force nouvelle que l'Union représente, l'homme d'Etat européen devra l'estimer à sa juste valeur, s'il ne veut pas faire fausse route dans ses calculs politiques. Il rencontrera, en l'examinant, bien des choses déconcertantes pour ses observations et sa connaissance des hommes. Il admirera, épris de théorie, cette

(1) *The American Commonwealth*.
(2) DE TOCQUEVILLE, *La démocratie en Amérique*.

page sur laquelle une élite a pu tracer, sans les entraves du passé, les grands principes de gouvernement que la raison seule lui dicta, et il ne tardera pas à s'apercevoir que la force des institutions politiques du pays leur vient autant de la tradition maintenue que du dogme. Il s'émerveillera des progrès gigantesques accomplis; mais il devra se convaincre que la vie politique de l'Union est guidée par une heureuse combinaison du passé et de l'avenir. Ce qui rend stables les institutions qu'elle a créées, c'est que les deux courants qui traversent tout édifice politique s'y équilibrent parfaitement. L'esprit conservateur et le libéralisme, l'ordre et la liberté, l'autorité et l'individu, ces principes fatals à l'organisme quand l'un d'eux seul règne en maître, font la force de l'Amérique, car ils s'y côtoient sans se nuire. Une démocratie ne conférant que rarement des honneurs à l'élu du peuple, l'administration la plus ouverte et souvent la plus corrompue, qui maintient cependant un ordre ne laissant que peu à désirer, et dont on abandonne d'ailleurs volontiers le soin aux intelligences médiocres, une égalité entière devant la loi, marchant de pair avec l'amassement le plus formidable de capitaux que le monde ait jamais connu, quarante-cinq États divers constituant une nation, qui, hier sans marine, aujourd'hui encore sans armée, rêve déjà pour demain la conquête de l'Univers, en voilà assez, n'est-il pas vrai, pour fournir une ample matière à l'analyse psychologique. Ajouterai-je encore que cette nation, la plus positive entre toutes, se soumet à des règles dont on doit faire remonter l'origine à une effusion d'idées morales empreintes de la doctrine théocratique la plus intransigeante, et, qu'enfin, cette nation, composée de l'élite et du rebut que lui déversa l'Europe, mais fière avant tout de son existence nationale, ne reconnaît point les droits du principe abstrait des nationalités, et concentre toute son énergie, déploie toutes ses forces, devant un nouvel astre : le principe du travail?

Expliquer ces phénomènes serait une tâche que je me défends d'aborder et d'ailleurs, le génie national du peuple américain étant encore en voie de formation, risquerait de déconcerter le jugement critique de l'écrivain.

Je me bornerai, par conséquent, à relever quelques côtés de la vie américaine, m'estimant satisfait s'ils se trouvent être ceux-là mêmes dont on aura trop peu signalé l'importance. L'avenir des deux continents américains étant lié, selon toute probabilité, aux destinées de l'Union, j'ai consacré deux chapitres de ce volume au Canada et à l'Amérique latine.

Enfin, je dois répéter en terminant, que, si ce livre n'a été inspiré que par des observations personnelles, en les réunissant, en les classant dans une suite logique, je ne pouvais éviter des notions générales, sans lesquelles cet essai eût paru incomplet. Pour cette partie générale, œuvre de compilation avant tout, il eût été injuste de ne pouvoir puiser aux nombreuses sources existant déjà sur cette matière; je ne me défends aucunement d'en avoir largement profité.

Paris, juin 1904.

L'EMPIRE DU TRAVAIL

LA VIE AUX ÉTATS-UNIS

CHAPITRE PREMIER

LA PATRIE AMÉRICAINE

Le territoire actuel des quarante-cinq États formant la confédération américaine s'étend, sur toute la largeur du continent, entre les 90° et 50° degrés de latitude nord, ce qui correspond à peu près à l'Europe centrale et méridionale. Il couvre une superficie de quelque 3,600,000 milles anglais carrés, et représente ainsi une étendue d'environ neuf dixièmes de la surface de l'ancien continent. Le territoire de la république qui, comme le fait observer Reclus, a, ainsi que les différents États particuliers, la forme d'un parallélogramme, présente une très grande simplicité de construction, à

1

l'encontre de la configuration de l'Europe. « C'est une vaste plaine médiane, ayant le Mississipi pour axe et deux systèmes de montagnes comme bornes extérieures, les Apalaches sur le côté de l'Atlantique, les Rocheuses et les plateaux attenants sur le côté du Pacifique. Mais ces deux saillies côtières sont diversement orientées ; tandis que les chaines des Apalaches s'alignent du nord-est au sud-est, l'allure générale des Rocheuses va dans le sens du nord-ouest au sud-est. Les deux systèmes orographiques contrastent par leurs dimensions respectives : l'énorme plateau montueux compris entre les chaines des Rocheuses et la Sierra Nevada, est d'une étendue beaucoup plus vaste et d'une hauteur beaucoup plus considérable que les rangées parallèles des Apalaches. Mais la géologie a révélé que ces montagnes de l'Est ne sont plus qu'un vestige de ce qu'elles furent autrefois. Quant à la péninsule de Floride, elle constitue un petit monde à part, ou plutôt elle fait partie des archipels antilliens. L'altitude moyenne des États-Unis, y compris le territoire d'Alaska, a été évalué à 648 mètres.

« Le pays a été divisé ainsi par la nature

même, en zones différentes, ayant chacune comme base une mer correspondante. Tandis que la région des Apalaches est baignée par l'Atlantique, et celle des montagnes Rocheuses par le Pacifique, l'immense bassin du Mississipi gravite tout entier vers l'embouchure de ce fleuve, sur le golfe du Mexique (1). »

Ces divisions physiques, si simples et si naturelles, furent souvent jadis des frontières politiques, et leur importance économique est encore considérable de nos jours.

Ce n'est pas seulement par sa simplicité que la géographie de l'Amérique du Nord diffère de celle de l'Europe, c'est aussi par ses plus grandes dimensions. Tout, dans l'aspect physique du pays, démontre que la vie s'y est développée sur une plus grande échelle : ses plaines sont plus vastes, ses montagnes plus élevées, ses lacs sont de vraies mers intérieures qui dédommagent pleinement le pays de n'avoir ni Baltique ni Méditerranée.

Ses fleuves sont autant de voies de commerce immenses que lui a données la nature. Ces avantages, qui ne demandaient qu'à être

(1) E. Reclus, *Géographie universelle*.

exploités par le travail, se trouvent complétés par le fait que l'Amérique du Nord possède tous les sols nécessaires aux principales cultures, des forêts innombrables et des districts miniers abondants en houille et en métaux précieux. Le climat des États-Unis, quoiqu'il varie suivant les différentes latitudes, est, en général, à l'exception des pays du littoral méridional, tempéré et présente une uniformité bien plus grande que celui de l'Europe.

Ce fait provient de ce que le territoire des États-Unis n'a aucune chaîne de montagnes transversale, telle que les Alpes, les Pyrénées ou le Caucase. Les vents, qui soufflent librement du nord au sud, ne se voient arrêtés ni influencés par aucun obstacle physique, et cette circonstance tend naturellement à rendre, comme en Russie, la température de l'atmosphère assez uniforme. A ces causes, on peut encore ajouter l'influence adoucissante du Gulf-Stream, et l'absence d'un foyer de chaleur tel que le Sahara, dont les vents ardents, à peine atténués par le passage de la Méditerranée, font sentir leur influence sur tout le midi de l'Europe.

La patrie du peuple américain a donc été libéralement pourvue, par la nature, de biens qu'il appartenait à l'énergie de la race de faire valoir. Ces avantages physiques ont eu quelquefois leur répercussion dans le domaine politique. Rien, cependant, ne devait plus que la configuration géographique du pays, avec l'énorme plaine intérieure qu'est le bassin du Mississipi, indiquer clairement qu'il ne serait jamais la patrie que d'une seule grande puissance.

Cette patrie américaine a été acquise au cours des trois derniers siècles. Une partie du territoire fut colonisée par les Européens, une autre conquise, mais la plus grande fut achetée. Au commencement du dix-septième siècle, Anglais, Français, Espagnols et Hollandais se partageaient encore le territoire avec les aborigènes de la race qu'on a nommée « indienne ».

Le pays qui, au cours des dix-septième et dix-huitième siècles avait été colonisé par les Anglais, s'étendait sur les bords de l'Atlantique, et correspondait, au nord, à la nouvelle Angleterre d'aujourd'hui, et, au sud, aux États de Virginie, Carolines et Géorgie. Une partie de la colonie du nord avait été conquise sur les Français, on y ajouta celle que l'on prit aux Hollandais. Ceux-ci avaient fondé sur l'île de Manhattan, achetée pour une somme dérisoire à une tribu indigène, la ville de la Nouvelle-Amsterdam, qui devint la New-York de nos jours. Les provinces anglaises du sud avaient été des colonies d'audacieux aventuriers, et leurs noms rappellent encore les souverains sous le règne desquels elles furent acquises. Ce territoire qui ne dépassait guère les Apalaches à l'ouest, que pour atteindre les bords des grands lacs Érié et Ontario, devint, en 1776, un pays indépendant, par suite de la révolution des provinces qui se constituèrent dès lors en États-Unis d'Amérique.

Les colonies situées plus au nord, connues auparavant sous le nom de Nouvelle-France, et qui avaient été cédées par Louis XV à l'Angleterre, restèrent fidèles à la couronne britannique.

Le territoire de la nouvelle puissance républicaine était alors de quelque quatre cent mille milles anglais carrés, et représentait environ un huitième de sa superficie actuelle.

Le traité de paix qui, en 1782, reconnaissait l'indépendance des États-Unis, doubla presque le territoire de l'Union; la cession qui lui fut faite, ne comprenant pas seulement les territoires habités depuis par les Blancs, mais toutes les régions de l'ouest, sur lesquelles la couronne britannique prétendait avoir des droits.

Cette acquisition rendait l'Union maîtresse de tout le pays situé à l'est du Mississipi et considéré alors comme la ligne de démarcation entre les sphères d'influence anglaise et française en Amérique.

La république se trouvait ainsi l'héritière des revendications anglaises de ces régions et voisine des colonies françaises, lesquelles, d'ailleurs, furent bientôt livrées au pouvoir du nouvel État.

L'année 1803 sera à jamais mémorable dans ses annales. La Louisiane, vaste territoire, nommé ainsi en l'honneur d'un monarque français, et qui s'étendait du Mississipi à l'ouest jusqu'aux confins des Rocheuses, et du nord au sud du Canada au Mexique, parut à Napoléon 1er un objet difficile à défendre contre les convoitises anglaises. Il crut politique de s'en débarrasser et le vendit tout entier au gouvernement de l'Union, pour la somme, dérisoire aujourd'hui, de quinze millions de dollars.

Cet acte important doubla encore une fois le territoire des États-Unis, et, en leur donnant le bassin entier de l'immense fleuve, leur assura pour l'avenir la domination de tout le continent.

La Floride fut achetée à l'Espagne en 1819 pour la somme de cinq millions de dollars.

Les États-Unis étaient dès lors possesseurs de tout le pays s'étendant de l'Atlantique au Canada au nord, et aux vagues frontières du Mexique au sud et à l'ouest. Ce dernier pays ne devait pas tarder, comme ce fut dès lors, presque toujours son sort, à sentir les effets de l'expansion américaine. Celle-ci ravit en quelques années à la république espagnole, plus de la moitié de son territoire et ses plus riches provinces. Ce fut d'abord l'annexion du Texas, en 1845, puis deux cessions consécutives de territoire que le Mexique dut consentir, en 1848 et en 1859, après des luttes malheureuses. Le prix en fut la Californie et tout le littoral du Pacifique. Enfin, le pays d'Orégon, qui formait le point extrême du territoire de l'Union, lui fut en grande partie annexé en 1846, en vertu d'un arrangement conclu avec la Grande-Bretagne, qui en incorpora le reste à la Dominion du Canada.

Ainsi le territoire entier de l'Union se trouva constitué, dès le milieu du siècle dernier. Les décades suivantes virent encore quelques acquisitions territoriales de valeur, mais n'étant pas dans le voisinage, elles ne sauraient être considérées comme des parties intégrantes du domaine de l'Union.

Tel fut, en 1867, l'achat de l'Alaska, presqu'île que lui vendit la Russie pour la somme de sept millions de dollars. Bien que taxée alors de non-valeur, et acquise en vertu de la doctrine de Monroë, cette péninsule a révélé depuis lors l'existence d'un des minerais aurifères les plus riches du globe. Puis, l'archipel des îles Hawaï échéant encore aux États-Unis, grâce aux hasards de la fortune, constitua en quelque sorte leur première colonie.

Enfin, il y a sept ans, les armes victorieuses de la république fédérale dépouillèrent l'Espagne de ses dernières colonies, et tant par l'annexion de Porto-Rico et des Philippines que par sa mainmise économique sur Cuba, l'Union est devenue maîtresse omnipotente de vastes territoires nouveaux. Ceux-ci, comptant parmi les plus riches du monde pour la production des denrées coloniales, ne manqueront pas d'influencer son développement économique.

CHAPITRE II

LA POPULATION DES ÉTATS-UNIS

La population des États-Unis comprend, en dehors de la race blanche dominante, les tribus « indiennes » vivant encore sur son territoire, et le très fort contingent de nègres que lui apporta l'Afrique.

On peut évaluer, sur la base du dernier recensement, cette population environ à quatre-vingts millions d'âmes (1), chiffre auquel viennent s'ajouter les quelque huit millions d'habitants des nouvelles possessions de l'Union, aux îles Hawaï, aux Philippines et à Porto-Rico. Tous les ressortissants des États-Unis, sauf les aborigènes demeurés à peu près à l'état nomade, ont qualité de citoyen.

(1) Le recensement de 1900 comptait 76,903,000 habitants de l'Union, mais ce chiffre a fortement augmenté depuis, tant par l'excès des naissances que par l'immigration.

Il ressort de ces chiffres que la république américaine, — et on laissera dorénavant les nouveaux territoires et colonies de côté, pour ne parler que du territoire continental de l'Union, — occupe le second rang parmi les grandes puissances de la terre, prises sans leurs colonies. Sa population qui atteignait à peine le chiffre de quatre millions en 1790, s'est accrue vingt fois en moins d'un siècle et quart.

La répartition des trois grandes races est très inégale ; en effet, pour parler en chiffres ronds, près des neuf dixièmes des habitants de l'Union appartiennent à la race blanche, un dixième environ, soit 8,000,800 à la race nègre, tandis que le dernier recensement ne mentionne guère que 276,600 individus de race « indienne » pure, catégorie dans laquelle on ne peut faire entrer les aborigènes qui, mêlés aux autres races, sont devenus citoyens de la république au même titre que les « visages pâles ».

LES INDIENS

Les aborigènes de l'Amérique du Nord n'offrent plus guère aujourd'hui qu'un intérêt tout historique. Les descendants non métissés de ces premiers habitants vivent partagés en tribus sur des territoires spéciaux que l'État laisse à leur disposition et qu'on appelle « reserva-tions », enclos qui tendent graduellement à se restreindre, grâce aux convoitises de la popula-tion blanche qui les entoure.

La déchéance de la race autochtone a inspiré à Élisée Reclus une belle page qui mérite d'être reproduite ici : « Ces tribus jadis si altières, quoique moins cultivées et moins fortes que leurs sœurs de l'Amérique centrale et méridionale, n'en ont pas moins légué à la postérité plus d'un trait d'endurance et de vaillance admirable. Refoulés incessamment par les colons blancs, forcés naguère par les Anglais et les Français d'épouser leurs luttes, les Indiens de l'Amérique du Nord doivent cependant attribuer leur perte bien plus à la civilisation qu'aux guerres et aux massacres. » La civilisation a été plus meurtrière encore pour eux que le régime de cruauté infligé à leurs frères du Mexique et du Pérou, sans tou-tefois les annihiler. Pour le Peau-Rouge du nord, il en a été autrement (1); « à la mélancolie

(1) Élisée Reclus, *Géographie universelle*.

morne, à laquelle, fier et inculte, il devait tomber victime en contemplant son sol ravagé par les colons blancs, sont venus s'ajouter les effets de l'alcool et de la variole, importés d'Europe. Aussi, la race aborigène n'a-t-elle pu subir cette poussée violente de l'énergique élément anglo-saxon, » elle a succombé dans la lutte : l'étranger peut souvent aujourd'hui parcourir le pays d'une mer à l'autre, sans rencontrer un seul individu du type autochtone.

Si, victime de cette terrible sélection, une partie de la race indienne a entièrement disparu, il en est une autre dont la proportion est impossible à établir aujourd'hui, qui s'est mêlée à la race conquérante, et dont le sang généreux coule encore sans doute dans les veines des enfants de ses oppresseurs. Ce fut surtout au nord, sur les confins du Canada, et généralement avec des colons d'origine française que les mélanges eurent lieu. Les Anglo-Saxons en paraissent plus indemnes, quoiqu'on rencontre parfois parmi eux aussi des traits indiens très marqués. Il ne saurait cependant pas être question ici d'un croisement de races, mais seulement d'une infiltration de sang hétérogène, qui ne put être importante.

Il serait partant erroné d'attribuer la moindre portée ethnographique à ce phénomène. L'élément anglo-saxon qui a servi de base à l'évolution du peuple américain a subi diverses influences nouvelles dont il sera question plus tard ; il n'a été aucunement affecté par ce léger métissage avec la race aborigène : c'est là une des principales différences entre la colonisation anglaise et la colonisation espagnole.

Les Indiens de l'Amérique du Nord sont donc destinés (1) à disparaître entièrement sous peu, emportant au moins le respect de leurs conquérants. Leur valeur fut toujours reconnue, alors qu'aujourd'hui encore un stigmate honteux s'attache à celui dont un seizième seulement du sang révèle l'origine africaine.

LES BLANCS

La race blanche a, par colonisation d'abord, par immigration ensuite, peuplé le territoire de

(1) Il est vrai cependant que le dernier recensement accuse une augmentation des Indiens vivant sur les *Reservations*. Une théorie émise récemment prétend, d'ailleurs, laver les colons blancs de tout reproche à leur égard, en alléguant que dans l'Amérique du Nord, la race aborigène a toujours été fort clairsemée et n'a jamais atteint les chiffres qu'on supposait jadis. Il est difficile de vérifier cette assertion.

l'Union. Les nations les plus diverses de l'Europe ont, en proportions inégales, contribué à cette œuvre, et, par suite de la fusion qui s'est produite entre ces divers éléments, il est devenu presque impossible d'établir par analyse leur nombre respectif au sein de la nation américaine d'aujourd'hui. Comme cependant ces divers éléments ont nécessairement exercé une grande influence sur la composition de la nouvelle race, il ne sera pas sans intérêt de rappeler en quelques mots les circonstances qui en firent des Américains, sans toutefois perdre de vue qu'aujourd'hui même, grâce à l'immigration constante, cette dénomination ne saurait être donnée, ethnologiquement, à de nombreuses catégories d'individus rebelles encore à l'assimilation.

Les Anglo-Saxons. — Parmi les races d'Europe qui colonisèrent l'Amérique du Nord, la première place revient nécessairement aux Anglais, qui, s'ils ne furent pas les tout premiers à mettre le pied sur le nouveau continent, ne tardèrent pas à y jouer le rôle prépondérant.

La colonisation générale du pays coïncide même tellement et sur tous les points avec la colonisation anglo-saxonne, qu'il est plus diffi-

cile, à l'égard de cette race que de toute autre,
de dire quelle proportion elle représente aujour-
d'hui, de la nation américaine.

Étant donné la puissante assimilation exercée
sur les autres Européens par la race dominante,
toute base précise d'estimation semble faire
défaut. On a voulu évaluer à quelque trente
millions le nombre des ressortissants de
l'Union, descendant de colons anglais et d'immigrés anglo-saxons.

C'est au commencement du dix-septième siècle
que les Anglais apparaissent pour la première
fois sur le sol de l'Amérique du Nord, et ils se
répartissent en deux régions bien différentes,
comme il a été entrevu plus haut. Ce furent les
origines de la Virginie au sud, et de la Nouvelle-
Angleterre au nord.

La première de ces colonies fut donnée par
les rois d'Angleterre en fief à des sociétés de
gentilshommes courtisans. Ils y apportèrent les
traditions nobiliaires de la mère patrie, auxquelles s'ajouta bientôt l'introduction de l'esclavage.

La constitution de la Nouvelle-Angleterre fut
tout à fait différente. Elle avait été colonisée
par des compagnies de marchands originaires

pour la plupart de Bristol et de Plymouth. Ces colons étaient, d'ailleurs, en même temps, pour la plupart, des martyrs de leur foi dissidente. Forcés de quitter l'Angleterre, ils firent d'abord plusieurs tentatives infructueuses d'établissement, jusqu'à ce qu'en 1620, date à jamais mémorable dans les annales de l'Union, le bateau *Mayflower*, ayant à bord quelque deux cents puritains, à destination pour l'embouchure de l'Hudson, vint aborder un rocher du pays dénommé désormais la Nouvelle-Angleterre.

La colonie ainsi fondée devait devenir la pierre fondamentale de toute la nation. Et dans cette œuvre d'assimilation et d'expansion, le puritanisme des premiers colons jouera un rôle important :

« Sectaires farouches, ils tentèrent de fonder une démocratie théocratique, à laquelle seuls les élus avaient part. L'intolérance ne tarda pas à devenir si grande, que les dissidents, obligés de s'enfuir, allèrent fonder des colonies dans le Rhode-Island; d'autres essaims firent naître les établissements du Connecticut et du New-Hampshire. La dureté du régime puritain ajoutée à la rigueur du climat et à l'infertilité du sol, n'était pas faite pour attirer les étrangers.

« Aussi, jusqu'à l'époque des immigrations modernes, la population de la Nouvelle-Angleterre resta très homogène. Elle se composait presque uniquement d'Anglo-Saxons, mêlés dans une faible proportion aux descendants de presbytériens écossais et irlandais, et d'un très petit nombre d'engagés, recrutés au hasard, comme ceux de la Virginie. Quelques huguenots français s'établirent dans le Massachusets après la révocation de l'Édit de Nantes ; mais, comparé à la masse des colons, leur nombre fut presque insignifiant (1). »

Telles furent les origines de la Nouvelle-Angleterre, qui, après avoir été, il y aura bientôt trois siècles, le berceau du peuple américain, a veillé jalousement sur son développement d'adolescent. Aujourd'hui encore que l'enfant est devenu homme, et l'un des plus forts parmi les hommes, elle reste toujours le guide de la nation tout entière, lui inspirant ses plus nobles mouvements, et la rappelant parfois brutalement aux traditions sacrées, quand la soif enivrante de

____

(1) E. Reclus, *Géographie universelle.*

l'or et de la puissance lui donnent la tentation de s'en départir.

Les deux colonies britanniques qui, en s'étendant par la suite vers l'ouest, devaient faire la conquête du continent tout entier, sont redevables toutes deux, pour leur existence, à l'énergie de la race. Mais tandis qu'un élément terrien et agricole continuait sous le ciel clément du sud, les traditions nobiliaires de la mère patrie, restant lui-même vassal de quelque grand seigneur d'outre-mer, un peuple commerçant et profondément religieux, entreprenait déjà au nord, sur le sol moins fertile que l'amour de la liberté lui avait fait choisir, de toute l'énergie de son âme de fer, la terrible lutte pour la vie.

Déjà dans ces temps reculés, l' « idée américaine » de la Nouvelle-Angleterre, ne pouvait être compatible avec l' « idée virginienne sœur », qui, douée d'une énergie de race peut-être égale, ne possédait assurément point le même trésor de force morale. On pouvait donc prévoir lequel des deux éléments l'emporterait sur l'autre. Et quand, par la suite, les territoires du nord et du sud devinrent des ennemis implacables, ce ne fut que par une guerre fratricide que leur différend put être liquidé et le triomphe des institutions libérales établi à jamais.

Les deux colonies ne tardèrent pas à s'étendre. Les colons de la Nouvelle-Angleterre occupèrent d'abord la Nouvelle-Hollande, désignée désormais sous le nom d'État de New-York. Le même sort était réservé à la colonie suédoise du Delaware, et à divers établissements français du nord. Dans la colonie qui forme aujourd'hui le florissant État de Pensylvanie, habité par des races diverses : anglaise, écossaise, irlandaise et allemande, l'influence demeura également à la minorité anglaise puritaine, de la secte des Quakers. Tout le littoral de l'Atlantique se trouva bientôt colonisé.

A l'ouest les monts Apalaches arrêtèrent longtemps les colons, leur servant en même temps de retranchement contre les tribus indigènes. Mais l'exploration de ces hauts plateaux fut enfin entreprise et les Anglais du sud y fondèrent les colonies du Kentucky et du Tennessee.

En même temps le bassin du Mississipi attira les énergies des Virginiens. Ils luttèrent dans les Apalaches, ainsi que les Néo-Anglais, qui entreprirent plus tard la colonisation du nord-ouest, territoire où les avaient devancés les Canadiens français, et dont ils formèrent les États d'Ohio, de Michigan, d'Illinois, d'Indiana, etc.

Cette grande migration vers le nord-ouest d'abord et la Californie et le Pacifique ensuite, et qui a duré jusqu'au milieu du siècle dernier, a été effectuée en grande partie par les habitants de la Nouvelle-Angleterre. Elle a eu pour effet de dépeupler en partie le pays de l'Atlantique, en le privant d'un nombre considérable de ses premiers colons. Leur place fut prise dans les fermes par des Allemands et des Suédois, et dans les ateliers et les fabriques, par des Canadiens français et des Irlandais.

Cette migration a certainement modifié, jusqu'à un certain point, l'aspect de la première colonie britannique. Mais la force des principes qui dirigeaient naguère les premiers colons puritains était telle qu'elle a résisté avec succès à la nouvelle invasion. Si les mœurs politiques de la Nouvelle-Angleterre sont devenues moins pures, les idées dominantes sont restées presque les mêmes, tout en perdant un peu de leur austérité surannée.

Cette colonisation anglo-saxonne comprend

en quelque sorte l'histoire du continent tout entier et des autres races qui y ont collaboré, quoique la plus grande partie de celles-ci se soient fondues dans le puissant courant d'assimilation anglo-saxonne pour contribuer à la formation de la nouvelle race américaine.

Il n'y a guère aujourd'hui, si l'on fait abstraction de l'émigration mêlée des dernières années, que les Irlandais, les Allemands et les Canadiens français que l'on puisse considérer comme formant des entités d'une importance ethnologique quelconque.

Les Irlandais. — Les Irlandais sont, aux États-Unis, au nombre de six millions d'âmes, soit près de trois fois la population de la mère patrie. C'est par centaines de milliers qu'ils vinrent y chercher refuge, après la grande famine qui sévit en Irlande vers le milieu du siècle passé. Par une contradiction assez curieuse, mais qu'expliquent les déboires qu'ils connurent dans leur ancienne patrie, ce furent les villes, les grands centres industriels qu'ils recherchèrent. Ils ont complètement abandonné la culture des terres, et de peuple agricole sont devenus un peuple essentiellement industriel, s'occupant aussi de commerce. Ils jouèrent toujours un rôle politique important, étant, par exemple, lors de la guerre de Sécession, tous esclavagistes. Aujourd'hui encore, leur influence dans la vie publique des grandes villes, notamment de New-York, est considérable.

Les Allemands. — La première colonie allemande des États-Unis, fut fondée il y a près de deux cents ans dans le Maryland et la Pensylvanie, par des colons venus de Souabe et de la vallée du Rhin. Cet élément ne tarda pas à subir l'assimilation anglo-saxonne. Un autre courant créa, après les vicissitudes de 1848, une très forte poussée d'émigration allemande, qui, à un degré d'intensité variable, a continué jusqu'à aujourd'hui. Cet élément, assez important cependant, est très difficile à évaluer, par le fait que généralement, à la seconde génération, il s'américanise entièrement.

On a estimé, sur la base de rapports statistiques, de huit à dix millions, la totalité des individus allemands ou de race allemande, habitant aujourd'hui le territoire de la république.

Les villes de New-York et de Chicago en comptent, paraît-il, un nombre suffisant pour les ranger parmi les toutes premières cités germaniques du monde.

Les Allemands, qui se livrent dans leur nouvelle patrie autant à l'industrie qu'à l'agriculture, s'y répartissent plus ou moins également. Ils deviennent vite d'excellents citoyens américains, tout en conservant souvent, pendant les premières générations, leurs mœurs et caractère particuliers.

Au point de vue politique, ils réussirent, en 1870-71, à influencer l'opinion publique du pays, dans un sens souvent favorable à la cause allemande. De plus, on ne saurait mettre en doute que la propagation assidue de la littérature, et surtout de la philosophie germanique, n'ait affecté les idées américaines.

Race latine. — Les Canadiens français. — La race latine, jadis si puissante dans l'Amérique du Nord, n'y joue plus aujourd'hui, à l'exception des Canadiens de race française, qu'un rôle bien effacé.

Les premiers colons blancs de ce continent avaient été des huguenots qu'y envoya Coligny au milieu du seizième siècle, cinquante ans avant l'apparition des premiers Anglo-Saxons. Naguère une population de sang français occupait tout le bassin du Mississipi, et les Espagnols possédaient le littoral du Pacifique, la

Floride, et tous les territoires qui échurent plus tard au Mexique, et que l'Union conquit en dernier lieu. Aujourd'hui, sauf quelques rares métissés espagnols du Nouveau-Mexique, et de la Californie, et dans quelques districts français du Michigan, de l'Illinois et de la Louisiane, l'ancienne population latine s'est entièrement fondue dans la race américaine.

Cependant les dernières décades ont vu une immigration constante de Canadiens de race française, dans les États du nord-ouest et de la Nouvelle-Angleterre, où ils ont pris la place des colons anglo-saxons, partis à la recherche de nouvelles aventures. Les ressortissants de cette race, très religieux et très travailleurs, ne perdent à l'étranger ni leur langue ni aucun de leurs caractères nationaux; beaucoup d'entre eux retournent dans la mère patrie, après fortune faite. Cet élément mérite donc une mention spéciale; on en a estimé le nombre à un million, chiffre considérable si l'on tient compte du fait que les descendants des anciens colons français de la Louisiane de Napoléon Ier, ne représentent guère que quatre-vingt mille individus.

Autres races blanches. — Derniers immigrés. — Des Suédois et des Norvégiens avaient dès l'origine colonisé le Delaware, devenu anglais par la suite. Aujourd'hui, ils comptent près d'un million de colons, immigrés pour la plupart au cours du siècle dernier. Ils habitent de préférence les États du nord où ils constituent un élément agricole très travailleur.

Les ressortissants d'autres races européennes, que l'espoir de faire fortune a, surtout ces derniers temps, amenés aux États-Unis, sont généralement d'une culture trop inférieure pour pouvoir, de longtemps, influencer aucunement l'élément dominant.

La statistique de l'immigration compte ainsi à peu près un million et demi de Russes et Slaves divers, presque autant d'Autrichiens et de Hongrois, ainsi qu'environ 1,400,000 individus venant, d'Italie.

Israélites. — Enfin l'élément sémitique de l'Union peut être évalué à plus d'un million d'âmes. Loin d'être un danger pour les États-Unis, les Israélites ne leur ont fourni en général qu'une force de travail de plus. En Amérique, pas plus qu'en Angleterre, il ne peut y avoir de péril sémitique ou de question juive, cette race ne détenant aucunement dans le pay, le monopole de l'intelligence commerciale. Très vite assimilés aux « american born », ils deviennent d'excellents citoyens, ayant toute la compréhension voulue pour les larges libertés politiques et sociales que leur confère leur nouvelle patrie. Les caractères de leur race semblent même s'être parfois atténués au contact de ces libertés.

On ne saurait cependant en dire autant des Juifs indigents de l'Europe Orientale, dont des raisons politiques ont, surtout ces derniers temps, déterminé l'immigration aux États-Unis.

L'opinion publique d'outre-mer a classé tous ces facteurs de misère et d'ignorance sous une dénomination commune.

Ces malheureux constituent, par leur misère et leur manque total de culture qui les rend incapables de jouir des libertés que leur assure une constitution faite essentiellement pour une nation civilisée, un élément si pernicieux, pour les grandes villes et notamment pour New-York, que d'aucuns ont voulu voir dans leur présence un grave danger économique et social; récemment des mesures administratives ont été prises pour empêcher leur entrée aux États-Unis.

L'immigration. — L'immigration aux États-Unis semble être sujette à quelques lois natu-

relles qui ne varient guère et qu'il vaut la peine
de considérer. Les immigrés débarquent à l'un
des ports principaux, généralement à New-York,
qui en garde déjà une très grande partie, si
bien que plus de la moitié des habitants de cette
ville sont nés à l'étranger. De là, la migration
se fait, par des centres secondaires tels que Philadelphie, Pittsbourg, Saint-Louis, etc., presque toujours vers l'Ouest. Sur dix nouveaux
venus, un seul prend le chemin du Sud, phénomène qui date du temps des premières colonies, et qu'explique assez la nécessité, pour les
Blancs, de rechercher les zones tempérées.
D'autre part, l'émigrant se dirige toujours vers
les grands centres urbains et industriels.

Les villes se sont agrandies aux États-Unis
bien plus rapidement qu'ailleurs; la majeure
partie des individus de race blanche habite des
cités comptant plus de quatre mille âmes — le
fait aura peut-être encore des conséquences
imprévues; — de plus, des villes ont souvent été
fondées avec une vertigineuse rapidité dans
des parages entièrement déserts, dans le but
d'exploiter quelque mine ou source réputée
fructueuse, puis abandonnée aussitôt que l'on
était forcé de reconnaitre que la richesse pré-

conisée était illusoire, et sa réclame due à une spéculation mensongère. Ce sont cependant ces centres-là qui attirent le plus souvent les nouveaux immigrés, et il en résulte parfois un état de choses fort malsain.

« La statistique nous révèle que l'immigration prit son premier essor après que la proclamation de l'indépendance eut établi aux États-Unis des conditions de vie stables. Dès cette époque, son cours a constamment été influencé par les événements d'Europe. La courbe d'immigration, qui avait jusque-là peu varié, accusa une forte hausse après les guerres du Premier Empire quand les réactions monarchiques jetèrent sur les rivages du Nouveau Monde de nombreux mécontents. Les mêmes causes produisirent les mêmes effets après la répression des divers mouvements révolutionnaires des années 1848-1849. La découverte de l'or en Californie, à peu près à la même époque, augmenta encore le courant d'immigration, qui ne cessa de grandir jusqu'aux débuts des années 1880.

« On dut alors se rendre à l'évidence que le continent de l'Amérique du Nord était entièrement colonisé, et que la facilité d'y déjà faire fortune avait considérablement diminué (1) ».

Cependant les dernières années du dix-neuvième siècle ont vu se produire un nouveau revirement. La misère, si répandue en Europe, a provoqué, en 1897, un nouveau courant d'émigration vers les États-Unis, où la prospérité nationale avait atteint un degré inconnu jusqu'alors, et cette courbe n'a fait que monter depuis cette époque. Pour citer des chiffres, on a évalué à deux cent cinquante mille le nombre des émigrants qui s'établirent aux États-Unis depuis leur constitution en république indépendante, jusqu'à l'année 1820. Depuis cette époque jusqu'à nos jours, quelque quatre-vingt-dix millions ont immigré dans le pays. Dans cette période, ce sont les années 1882 et 1903, qui accusent le plus grand nombre d'arrivées, la première avec une totalité de sept cent quatre-vingt-dix mille, la seconde de huit cent cinquante-sept mille individus, soit plus de deux mille par jour.

Au cours du dernier siècle, les trois quarts de l'élément immigré étaient composés d'individus de races anglaise, irlandaise, allemande,

(1) E. RECLUS, *Géographie universelle.*

scandinave, et franco-canadienne. Un quart seulement provenait du sud et de l'est de l'Europe. Depuis le revirement qui vient d'être signalé, la proportion tend cependant à se déplacer, et, en 1902 et 1903, plus des deux tiers des émigrants sont venus d'Italie, de Russie et de l'Autriche-Hongrie, tandis que l'Europe centrale et occidentale n'en fournissaient que la plus petite partie. L'Allemagne, qui ne prit aucune part à la première colonisation, s'est dédommagée depuis par le très fort contingent qu'elle a apporté à l'élément immigrant dont, depuis 1820, elle a fourni les trois dixièmes. Cette proportion ne s'est affaiblie que depuis peu.

LES NOIRS

Aux aborigènes, de nombre insignifiant aujourd'hui, et à la race blanche dominante, viennent s'ajouter les Nègres, dont il sera parlé plus longuement à propos de la question épineuse qu'avait réservée au pays, l'introduction de l'esclavage. Les nègres ou « coloured men » comme se désignent plus volontiers eux-mêmes, les citoyens américains de sang africain, comptent, ainsi qu'il a été mentionné plus haut, près de neuf millions d'âmes. Mais pour atteindre ce chiffre, il faut faire rentrer dans cette catégorie tout élément mulâtre ou portant, comme le veut l'opinion publique d'outre-mer, la trace la plus faible de la « tare » héréditaire. Et presque toute la population nègre des États-Unis est fortement croisée, par suite des unions libres fort répandues entre maîtres et servantes au temps de l'esclavage.

Aujourd'hui, cet état de choses a changé, et les Blancs ne professent plus, à l'égard de leurs servantes négresses, les mêmes sentiments. Quant aux unions régulières entre les deux races, elles ont de tout temps été interdites par les lois de la plupart des États. Depuis la guerre de Sécession, la traite des esclaves est interdite ; de plus, une mortalité très forte sévit parmi les Noirs ; mais ces circonstances n'ont pu empêcher l'augmentation de la race, dont la natalité est encore plus grande aujourd'hui. Le premier recensement de 1790 mentionne quelque sept cent cinquante mille gens de couleur, importés pour la plupart de la Jamaïque et des Antilles. La race noire a donc plus que décuplé dans l'espace d'un siècle, malgré les circonstances défavorables à son développement.

Enfin, pour compléter cette énumération, il y a lieu de mentionner, quitte à revenir sur ce sujet, que ces derniers temps, un assez fort contingent de Chinois s'est fixé dans différentes villes du littoral du Pacifique.

Pour résumer ce chapitre, une courte récapitulation est nécessaire. Des quatre-vingts millions d'âmes qui représentent la population totale des États-Unis, il faudra tout d'abord retrancher neuf millions de Nègres ou de mulâtres et quelque trois cent mille Indiens et Chinois. Cela laisse ainsi, en chiffres ronds, un total de soixante-dix millions d'individus de race blanche. Parmi ces derniers, environ dix millions d'individus sont, d'après les récentes statistiques, nés à l'étranger et ne peuvent, par conséquent, être encore considérés comme entièrement assimilés à la race américaine dont la totalité peut être ainsi estimée à près de soixante millions.

En ce qui concerne la religion, la population des États de l'Union se rattache en général aux diverses sectes protestantes. L'Église catholique compte cependant plus de dix millions d'adhérents dans le pays.

Il y a, ainsi qu'il a été dit plus haut, dans la population des États-Unis, un élément hétérogène et même antagoniste, et un autre élément encore étranger aujourd'hui. La nation américaine est représentée par les soixante millions d'individus qui restent après que l'on a déduit les deux premières catégories de la population totale. C'est de cette nation « américaine », à base essentiellement anglo-saxonne, mais grossie de millions d'individus de race allemande, irlandaise, française, etc., qu'elle a absorbés, que traitera ce livre.

CHAPITRE III

LA NATION AMÉRICAINE

Les éléments étrangers que l'Anglo-Saxon d'outre-mer a su s'assimiler, ne se sont pas entièrement dénationalisés. Le Germain et le Latin qui deviennent Américains, ne perdent pas nécessairement leurs caractères spéciaux. Autant au physique qu'au moral, ils ont exercé une influence notable sur la formation de la nouvelle race; la Révolution a, par ses principes, joué un rôle important à cet égard, et maint trait de la vie en Amérique où se reconnaît l'influence de l'esprit philosophique allemand, pourrait être cité comme contrastant avec l'esprit anglais (1).

(1) M. Münsterberg, professeur à l'Université de Harvard, soutient, dans un ouvrage très documenté qui vient de paraître, intitulé : *Die Amerikaner*, que l'élément allemand immigré aux États-Unis, peut aisément renoncer à sa langue et à son caractère national et se contenter de donner ses idées et son

On pourrait plutôt comparer l' « américanisation » à l'entrée dans une nouvelle famille dont les mœurs sont très différentes, et dont la langue, pour ne pas être un but par elle-même, comme dans le vieux monde, n'en est pas moins un moyen de ralliement puissant duquel dépendent tout le travail et tout le commerce. Nul ne force le colon français ou allemand, italien ou slave, à apprendre l'anglais ; mais s'il ne le fait pas, il ne réussira pas dans ses affaires et tout espoir de faire fortune sera d'ores et déjà illusoire. La langue occupe ainsi aux États-Unis la place où elle serait restée partout ailleurs si des esprits intéressés n'avaient exagéré la portée de cet instrument d'échange des idées entre les individus. Il n'en pouvait être autrement dans ce pays si pratique où tout se meut autour de l'activité humaine.

Sans doute, en entrant dans cette nouvelle communauté, chacun y apporte du sien et son influence sera d'autant plus grande qu'il saura se montrer un élément utile dans cette famille

esprit au nouveau peuple dont il constitue un des meilleurs éléments. Cette thèse très idéale ne peut que plaire à l'Américain. Au point de vue de la politique allemande elle semble n'offrir cependant qu'une compensation très relative ! *Sic vos non vobis !*

essentiellement utilitaire. Toutefois, l'élément anglo-saxon a imprimé à la nouvelle nation ses traits les plus marquants, et lui a donné, comme base initiale, des caractères si forts, qu'aucune nouvelle évolution ne saurait plus les en faire disparaître.

Au cours de son histoire, le peuple anglo-américain a subi des influences variées qui ont agi, elles aussi, puissamment, sur la formation de son caractère national, dont l'analyse fera l'objet de ce chapitre.

Ainsi, l'esprit américain d'aujourd'hui diffère autant de celui de l'Angleterre que des idées qui ont présidé à la naissance de la république. Le type originel anglo-saxon s'est parfois accentué et d'autres fois même altéré. La terre vierge d'outre-mer était un terrain propice à cette transformation, laquelle a abouti à créer une nation homogène, de quelques milliers de colons divers. Il existe véritablement un peuple américain qui, quoiqu'il n'ait pas une origine nationale, tend chaque jour, de plus en plus, à revêtir les attributs d'une nationalité distincte. Seuls, des observateurs superficiels lui ont refusé cette appellation, ne voulant voir en lui qu'une agglomération de races différentes.

Les premiers colons venus de l'Angleterre avaient comme leurs compatriotes, à un degré très développé, le respect de l'individu. Ils étaient de plus, des puritains austères. Les nouvelles conditions d'existence dans lesquelles ils étaient désormais appelés à vivre, un climat différent de celui de l'ancien monde et une absence de traditions locales, partant de préjugés locaux, devaient les transformer peu à peu. Le peuple issu de ces premiers établissements, et duquel l'indépendance coïncide presque avec la Révolution française, a subi le contre-coup des idées que celle-ci avait répandues, et a été enfin, en dernier lieu, profondément affecté dans ses habitudes par les nouvelles conditions de vie que le travail a imposées. Cette dernière influence est loin d'avoir accompli son œuvre de métamorphose morale.

Pour comprendre le génie national de l'Amérique moderne, il est indispensable de faire brièvement l'historique des caractères qui ont déterminé le type du nouveau peuple : l'individualisme et la religion, les idées égalitaires et économiques, et le climat.

CARACTÈRES ANGLO-SAXONS

On a vu comment la rivalité latente qui existait entre les deux colonies anglaises fondées au dix-huitième siècle, aboutit, cent ans plus tard, à un conflit sanglant, dont le résultat fut le triomphe des idées néo-anglaises du nord libéral. Ce sont ces idées qui, plus encore que la force des armes, ont fait la conquête du continent; l'élément qu'elles représentaient, le plus hardi et le meilleur que lui ait donné le peuple anglais, est devenu le porte-étendard intellectuel et moral de la république.

L'Individualisme. — De tous les traits que l'Américain doit à son origine, aucun n'est aussi typique que le respect général pour l'individu, base même du génie national anglo-saxon. Ce principe, qui ne s'est manifesté pratiquement qu'en pays anglo-saxon, a été l'origine du « self government » si étendu qui régit la vie publique de l'Union. Avec la religion pratique, l'individualisme a élevé à un niveau très haut le sens moral de l'Américain. Ce respect que la communauté accorde aux droits de l'individu, implique, en retour, le sentiment des devoirs que l'individu contracte envers cette communauté. Nulle part, ce principe qui, déjà pour les premiers colons, était une garantie de réussite, n'a été appliqué avec plus de logique (1).

Cette logique existe alors même que les conséquences de ce respect pour l'individu paraissent paradoxales. Ainsi, si la communauté confère à l'individu le maximum de droits et ne s'occupe de son sort que dans des circonstances extraordinaires, sa tutelle devient d'autant plus efficace quand c'est le bien de la société qui l'exige. C'est éminemment le cas quand les intérêts des générations à naître sont en jeu. Tandis que dans maint autre État civilisé, les citoyens se voient soumis à diverses obligations souvent très onéreuses, tout en pouvant donner libre carrière à des penchants vicieux, l'Amérique républicaine combine avec la liberté de ses institutions, des mesures sévères dirigées contre divers abus. Elles ont pour but généralement

______

(1) M. Münsterberg mentionne dans l'ouvrage cité plus haut, comme traits inhérents au caractère américain : le respect du droit et du devoir, l'initiative, l'optimisme, etc. Il oublie que ce sont là des attributs caractéristiques de toute la race anglo-saxonne, et qui ne suffisent pas, à eux seuls, à expliquer le génie national des États-Unis.

d'enrayer l'extension de fléaux, tels que l'alcoolisme, les maladies héréditaires, etc. Sur presque toute l'étendue de l'Union, la vente des liqueurs alcooliques est prohibée le dimanche, et dans plusieurs États elle est frappée d'interdiction absolue. D'autres dispositions locales interdisent l'usage du tabac aux enfants au-dessous d'un certain âge, et il en est enfin qui font de certaines maladies héréditaires un obstacle au mariage. D'aucuns n'ont voulu voir dans ces restrictions, qu'une soi-disant preuve du développement de ces fléaux humains, ou des mesures vexatoires portant atteinte à la liberté individuelle. La statistique comparée dément la première de ces allégations, et il serait téméraire de conclure pareillement pour la seconde. Ce qui semble, à première vue, paradoxal est, par le fait, d'une logique admirable. L'individu a pour ses droits personnels pleine protection de l'État, mais à condition seulement que l'exercice de ses libertés ne porte pas préjudice à son entourage. Cette limite franchie, c'est leur individualité qui devient l'objet de la sollicitude générale, à plus forte raison quand il s'agit des générations à naître, dont l'existence même peut être mise en danger par la faute des parents. On ferait mieux, soit dit en passant, au lieu de s'arrêter au côté vexatoire de pareilles institutions, d'en approfondir le sens ; on y verrait peut-être alors une manifestation sublime du vrai génie individualiste.

Celui-ci a cependant des conséquences qui semblent des faiblesses. Pas plus qu'en Angleterre, ne semble-t-il possible aujourd'hui d'introduire aux États-Unis, le service militaire obligatoire, mesure qui, dans un cas, qu'on ne peut il est vrai, guère prévoir, pourrait être nécessaire pour faire face aux puissantes armées d'Europe. Mais là s'arrête le patriotisme anglo-saxon, ou plutôt pareille institution ne semble, aux Américains comme aux Anglais, qu'une atteinte flagrante à la liberté de chaque individu. Il n'y a pas lieu de discuter ici cette question, peu dangereuse aux États-Unis, protégés par leur position isolée et leurs énormes richesses contre toute velléité d'invasion. Il est intéressant cependant de la mentionner pour prouver combien les mœurs américaines sont empreintes d'idées anglaises. Cette vérité n'est jamais plus manifeste que dans la conception des droits de l'individu. Tout au plus pourrait-on remarquer que si celui-ci jouit aux États-Unis d'une considération encore plus grande que dans les Iles Britanniques, la conscience de ses devoirs envers la communauté y est aussi peut-être plus développée. Ce fait, aisément expliqué par un niveau intellectuel moyen plus élevé, se révèle spontanément dans mainte circonstance de la vie publique. Plus que les Anglais, les Américains — malgré la même antipathie pour tout militarisme — ont offert leurs services lors de guerres importantes, et l'on peut supposer qu'une levée en masse serait la réponse à un appel de la patrie en danger.

La Religion. — Les colons de la Nouvelle-Angleterre avaient apporté de la mère patrie, outre cet amour de la liberté individuelle et du «self government» une foi ardente, austère, et, fait important pour la formation de la nouvelle race, une foi pour laquelle ils avaient souffert.

Persécutées pour les ordonnances strictes qu'elles s'étaient imposées dans leur vie religieuse, les sectes puritaines ne tardèrent pas, sur la nouvelle terre libre, à les mettre en pratique, et, affranchies désormais de toute autorité étrangère, à les prendre pour base de leur législation civile à laquelle les émigrants dissidents étaient forcés de se soumettre. « Avec une inconséquence humaine admirable, le premier édifice politique que bâtirent les colons avides d'une liberté pour laquelle ils avaient quitté leurs foyers, était une théocratie mosaïque, dont les ressortissants étaient régis par des lois draconiennes et au sein de laquelle toute initiative personnelle semblait devoir irrémédiablement sombrer. Les lois divines et civiles se confondaient dans une jurisprudence élémentaire, où la non-observation du dimanche était réputée égale au vol. La peine de mort était fréquemment appliquée, et pour de simples délits. La moralité publique était rigoureusement observée et la loi ne tolérait aucune infraction aux principes qu'en dictait la plus aride interprétation (1). »

Tocqueville, qui a visité les États-Unis à une époque plus rapprochée de cette première période de leur histoire, a trouvé encore de nombreuses traces de ce puritanisme féroce, dont il montre, avec raison, l'influence sur le développement de l'âme américaine. Il cite entre autres un syllabaire usité jadis dans les écoles de la Nouvelle-Angleterre, dont l'auteur énumérant

____

(1) E. Reclus, *Géographie universelle*.

des mots de six syllabes pour la leçon enfantine, n'en trouve point de plus utiles que les suivants : abomination, édification, humiliation, mortification, purification. Tout ce que le protestantisme le plus aride contient de plus austère, ne se trouve-t-il pas réuni dans cette leçon destinée aux enfants en âge d'apprendre à épeler? Et comment les parents devaient-ils penser et agir quand telles étaient les premières connaissances de leur progéniture?

Le premier effet de ce régime fut une épuration physique et morale de la race. Une sélection s'établit où, seul l'élément le meilleur et le plus fort devait pouvoir subsister. Les lois intolérantes de la Nouvelle-Angleterre n'étaient pas faites pour y adoucir une vie déjà difficile, ni à y attirer ceux qui recherchaient le plaisir et une existence sans efforts. De la sorte, elles détournèrent pendant longtemps le cours de l'émigration. Mais l'élément viril entre tous qui se soumit à ses règles, conserva son homogénéité et sa pureté, tout en se fortifiant suffisamment pour pouvoir accomplir plus tard sa destinée, qui était d'imprimer son caractère au peuple américain. C'est dans cet élément austère que la nation puisa encore, dans la suite, ses plus belles forces; ce fut donc cette période de recueillement et d'abnégation qui prépara la jeune communauté aux gloires que lui réservait l'avenir. Il peut paraître étrange que ce régime n'ait pas abouti, comme dans certaines manifestations de l'Église romaine, à éliminer, de prime abord, toute initiative personnelle comme inutile et même nuisible, et à mettre ainsi un obstacle sérieux au développement de la volonté individuelle, chère à l'Anglo-Saxon. C'eût été fatal pour une colonie naissante et la république d'outre-mer ne fût jamais devenue ce qu'elle est aujourd'hui. Pour son bonheur cependant, ce ne fut pas le cas. L'organisation de la société puritaine différait entièrement de celle de l'Église romaine, par son manque absolu d'une autorité centrale et indiscutable. Tandis que la papauté a pu soumettre à sa discipline, la plus forte entre toutes, les races les plus diverses de la terre, le puritanisme s'éparpillait, au contraire, en sectes très différentes qui ne reconnaissaient pas de chef commun.

De plus, les doctrines puritaines pour être austères, n'en étaient pas moins susceptibles de transformation; elles ne représentaient pas une loi immuable, mais un ensemble de règles correspondant aux besoins religieux et aux aspirations idéales des premiers colons. Mais les hommes changèrent et les doctrines changèrent, elles aussi. Impitoyables, comme leurs défenseurs acharnés, quand elles étaient l'objet de persécutions qui entraînaient un exil éternel de la patrie, elles se modifièrent dans des temps plus cléments, et de l'ancienne intransigeance religieuse, il ne resta plus enfin qu'une règle, généralement plus haute qu'ailleurs, de la morale publique. L'émigré, devenu propriétaire et commerçant, avait d'autres besoins religieux qu'au temps où sa foi représentait sa seule richesse. L'évolution continua parmi les jeunes générations, chez lesquelles les observances arides des premiers temps cédèrent la place à des principes de morale publique que l'exemple et non plus la loi les inclinait à suivre. Les générations suivantes naquirent sous ces auspices ; dans l'atmosphère de vie pratique et saine qui les entourait, les idées d'ordre moral héritées des aïeux devenaient lieu commun, tellement il était établi qu'on les respectât.

Ainsi les traditions individualistes n'eurent point à souffrir de l'ancien régime théocratique ; quand le peuple néo-anglais sortit, devenu américain, de ce creuset épurateur, il avait gagné en forces. La religion avait agi indirectement, d'âme à âme, de génération à génération. L'antique foi puritaine a subi des changements dans son application, mais la religion a gagné en se faisant pratique, un ascendant que ceux-là mêmes subissent qui se plaisent à refuser le plus violemment tout fondement de vérité à la doctrine chrétienne. Tel financier athée d'aujourd'hui ne se doute pas que toute sa manière de voir, de penser et d'agir résulte d'une hérédité morale à laquelle les idées théocratiques des aïeux sont loin d'être étrangères!

Cette vulgarisation de la religion ne s'est pas faite seulement pour les sectes protestantes. Un revirement marqué s'est produit ces derniers temps dans les rapports entre la grande république et l'Église de Rome. La Curie fit preuve d'une grande sagacité en reconnaissant quel champ d'influence elle pouvait acquérir aux États-Unis ; mais la condition de tout succès était de briser avec les traditions surannées et de se faire pratique. L'Église catholique d'Amérique n'hésita pas à s'adapter aux mœurs régnantes ; elle a renoncé à une trop stricte discipline et ne s'appuie pas sur l'État comme ailleurs. Elle s'est modernisée en devenant libérale, tolérante, en un mot, « américaine. » L' « américanisme », appellation que l'on a donnée à cette fraction du culte romain, déploie moins de pompe et attache moins d'importance aux formes extérieures que l'Église d'Europe. Qui sait si M. Max Leclerc n'aura pas raison quand il prédit que, par suite de cette nouvelle tournure de choses, « l'influence latine cessera de dominer incontestée dans l'Église ; l'influence anglo-saxonne s'y fera une place envahissante et l'histoire du monde en pourra être déviée (1) » ?

CARACTÈRES ACQUIS

Le climat et les conditions physiques. — De toutes les circonstances qui ont agi sur la formation du caractère américain, l'influence du climat est restée, à l'inverse de ce qui eut lieu dans d'autres colonies, l'une des plus faibles. On ne peut mettre en doute, cependant, que les divers climats des États-Unis n'aient exercé une certaine influence

(1) M. Max LECLERC, *Choses d'Amérique.*

sur le développement de la race ainsi que sur la création de différents types d'hommes.

L'habitant de la Nouvelle-Angleterre, vivant sous une latitude sensiblement pareille à celle de la mère patrie, se rapproche aujourd'hui encore le plus du type anglo-saxon. Le descendant du colon virginien, quasi méridional, accuse déjà un type assez différent, ainsi que celui du pays montagneux qu'est le Kentucky. Toutefois, lorsqu'il s'agit de l'Amérique, des déductions de cette nature ne peuvent être faites qu'avec une extrême réserve. Des rameaux de la même race et si pure qu'elle se soit conservée peuvent fort bien, il est vrai, changer de caractère sous des latitudes différentes, au point de ne plus guère se ressembler, mais un laps de temps assez long est nécessaire pour atteindre ce résultat; or, le temps a fait défaut aux États-Unis, ou plutôt toute influence divergente des climats y a été fortement tempérée par le grand mouvement contraire d'unification à outrance amené par les nouveaux moyens de communication.

Il est cependant une exception digne de mention : Si les zones plus ou moins tempérées qu'habitent la majeure partie des Américains ne semblent pas devoir affecter la race d'une manière frappante ou fâcheuse, on ne saurait en dire autant des régions presque tropicales du Sud, que la race blanche, qui ne s'y trouve d'ailleurs que clairsemée, abandonne par instinct autant que possible aux noirs. L'influence de ce climat s'est fortement fait sentir déjà, et le « Southerner », par son caractère et ses vives impulsions, se rapproche presque autant du méridional d'Europe que de son concitoyen du Nord. Cette différence, plus forte jadis au temps de l'esclavage, quand le travail manuel faisait l'objet du mépris du planteur, tend à diminuer encore aujourd'hui. Toutefois, le climat énervant des pays du littoral du golfe du Mexique ne manquera pas d'exercer, à la longue, une influence débilitante sur les Blancs qui les habitent.

Les autres conditions physiques dans lesquelles s'est développée la jeune race américaine ont aidé aussi à l'unification nationale; par exemple, la situation géographique du pays et le manque absolu d'influences divergentes sur un sol vierge que ne peuplaient que des sauvages. Enfin on a vu déjà, dans l'introduction, l'influence avantageuse du voisinage des races noires et autochtones.

Les idées démocratiques et égalitaires. — Les idées démocratiques et égalitaires avaient plus ou moins dominé dans l'une au moins des deux anciennes colonies anglaises, la Nouvelle-Angleterre ; mais un essor tout particulier leur fut imprimé par la Révolution française. La déclaration des Droits de l'homme trouvait un champ bien préparé pour la recevoir dans le nouvel État, qui venait de se constituer indépendant de la couronne britannique. Le sort a voulu que ces nouvelles idées, restées dans l'Europe, aristocratique malgré elle, plus ou moins à l'état de théories platoniques, aient pris racine dans la libre Amérique, qui n'avait subi jusqu'alors que des influences d'origine anglo-saxonne.

On a rangé dans des catégories différentes, et considéré comme éléments agissant séparément sur la formation du caractère américain, le respect de la liberté individuelle que ce peuple doit à son origine anglaise, et le principe d'égalité démocratique, développé certainement dans les luttes pour l'indépendance nationale, mais qui reçut sa consécration suprême après les événements de 1789. Pour saisir la différence entre les deux courants d'idées, il suffira d'une comparaison entre l'Angleterre moderne, et sa grande colonie émancipée. En effet, si dans le Royaume-Uni la liberté individuelle est, aujourd'hui encore, presque aussi garantie qu'en Amérique, tel ne semble pas être le cas quant à l'égalité des citoyens. Quoique, à cet égard aussi, l'on ait progressé dans les Iles Britanniques, on y est loin de l'acception de l'égalité telle qu'elle est admise aux États-Unis. Tandis qu'en Angleterre, les puissantes traditions historiques ont élevé jusqu'ici à l'application de ce principe une barrière infranchissable, l'Amérique, où, à part l'insignifiant « snobisme mondain », les barrières séparant les diverses classes sociales sont très faibles, et la différence de culture intellectuelle entre elles moins marquée que partout ailleurs, a fait du principe d'égalité l'une des règles suprêmes de sa vie nationale.

Mais ce qui, avant tout, a rendu possible en Amérique l'application pratique du principe égalitaire, c'est l'existence de cette grande classe formant la majeure partie de la population et qui possède quelque chose. Le propriétaire de si peu que ce soit, ne se laisse guère berner par les utopies du socialisme et ainsi les idées égalitaires aux États-Unis ont été viables, ce

qui, ailleurs, hormis en Suisse où les mêmes
causes ont produit les mêmes effets, n'a pu
être le cas. L'existence de cette grande classe
bourgeoise et propriétaire et, à tout prendre,
d'un niveau de culture plus élevé que la classe
sociale correspondante en Europe, peut assurément dédommager les États-Unis du niveau rela-
tivement plus bas de leur « aristocratie », dont
il sera parlé plus tard. Cet élément constitue
en même temps l'une des plus fortes garanties de l'ordre établi contre toute tentative
de bouleversement.

Les idées démocratiques et égalitaires ont aux
États-Unis plus ou moins prospéré suivant le
milieu qui les a reçues. C'est à l'ouest nouveau,
où l'égalité avait été déjà créée par l'âpre lutte
qu'on dût livrer à la nature pour lui arracher
ses richesses, que ces idées ont porté le plus de
fruits et, poussées à l'extrême, engendré même,
pour un temps très court il est vrai, une constitution franchement socialiste. Dans la Nouvelle-
Angleterre, le démocratisme égalitaire est heureusement resté tempéré par l'ancien esprit
conservateur et son application modérée n'en est
que plus assurée.

Ainsi l'on a trouvé moyen dans cette heureuse

Amérique de mettre en pratique ce principe si beau de justice suprême, mais qui, visant si haut au-dessus de l'homme, n'a généralement été pour lui, par une trop intransigeante application, qu'un néfaste cadeau. Un journal de New-York, parlant récemment de la réception qui avait été faite par ses parents à un jeune héros de la guerre, disait, que ce n'étaient pas les fils de « quelqu'un », comme dans les vieilles monarchies, mais les pères de « quelqu'un » que l'État devrait combler d'honneurs. Quelle belle et noble pensée et comme elle rend bien le sentiment de « démocratisme » égalitaire qui se trouve au fond de toute âme américaine !

L'existence de ce sentiment a cependant été niée par maint auteur qui ne voit dans les énormes fortunes d'outre-mer que la preuve d'une inégalité sociale plus grande peut-être encore qu'en Europe. Mais cet observateur trop superficiel ne remarque pas que presque toutes ces fortunes sont le produit du travail. Les capacités humaines diffèrent, mais les chances initiales de succès sont les mêmes : vouloir aussi des résultats égaux sans bouleverser l'ordre économique, c'est vouloir l'impossible, ce n'est que chimère *ultra* socialiste, ce n'est plus l'égalité.

Le travail. — Dès les origines, ce fut plutôt par le travail que par les armes que la race américaine conquit sa place parmi les nations. Cette habitude du travail a fortement agi sur la formation du caractère national, si bien que le *business spirit* qui en est résulté a transformé et transforme encore à plus d'un égard le génie américain. Les nouvelles conditions d'existence, créées par l'âpre lutte quotidienne, le sens pratique et commercial poussé à un degré auquel n'a jamais atteint l'aristocratique Angleterre, ont engendré des traits de caractères spéciaux qui se révèlent dans toute la manière de penser de l'Américain.

Un grand journal d'outre-mer discutait, dans un article de fond, la question de savoir si un général, dont la vie avait été jusque-là sans tache, et qui, lors de la guerre hispano-américaine était accusé de concussion, devait être dégradé ou non. Le défenseur en appelait à la clémence du conseil : « Lui briser son sabre à son âge, et après sa longue carrière, disait-il, serait presque comme si l'on privait un travailleur enrichi de sa visite quotidienne à son bureau. » C'était l'argument le plus fort qu'il pût trouver, l'appel suprême à la mansuétude !! Il n'était question ni

« d'honneur militaire », ni de « galons », ni des privilèges de l'homme d'épée. Ceci se passe de commentaire et ce simple exemple ne révèle-t-il pas un état d'esprit qui égare et stupéfie l'Européen?

Mais il est bien d'autres illustrations de cet esprit d'outre-mer, que l'ancien monde ne peut comprendre. Tel est, sous les influences réunies du « démocratisme » et du « business spirit », ce mépris voué généralement aux emplois publics, hormis quelques rares exceptions. En effet, si, d'une part, la démocratie veut que l'homme public soit avant tout le serviteur du peuple et ne lui accorde pour cette charge aucun droit à la considération, le travailleur couronné de succès que représente, en l'espèce, le millionnaire, n'a cure de perdre son temps à des emplois qui ne lui paraissent que des affaires médiocres. L'explication est aisée à trouver; mais que nous sommes loin déjà des idées de l'Europe et même de la Grande-Bretagne, dont le peuple américain avait si longtemps suivi les traces, et où un simple mandat au Parlement assure encore honneurs et respects!

Cette nouvelle voie où s'est engagée la grande République du travail, séparera toujours plus ses destinées de celles des autres nations. Et que l'on ne reproche pas à l'auteur d'attribuer à cette influence économique une trop grande importance; qu'on ne lui réponde pas que l'Amérique n'est pas le seul pays où l'on travaille, qu'on le fait aussi en France, en Angleterre, en Allemagne! Les Américains ne se gênent pas de proclamer que ce n'est que dans leur pays que l'on sait vraiment travailler, et veulent même établir, par des statistiques plutôt naïves dans leur généralisation, que leur puissance de travail vaut le double de celle de l'homme d'Europe. Sans s'attarder à ce côté statistique, on fera observer, sans vouloir porter aucun préjudice au travail de l'ancien monde, qu'en Amérique, l'on ne fait que travailler, et que les conditions économiques y sont telles, que, qui n'y travaille pas, périt.

Si, en Europe, la question du travail agit fortement sur diverses conditions sociales et politiques, elle en est, aux États-Unis, la base même. Tandis qu'en France, en Angleterre, en Allemagne, à côté d'intérêts économiques, de nombreux intérêts d'ordre religieux, dynastique, national, que sais-je, relient et groupent les sociétés différentes, dans la république de l'Amérique du Nord, le travail seul règne omnipotent et est devenu, de nos jours, la raison d'être de toute la nation. Ainsi au Nouveau Monde le travail a revêtu d'un nouvel aspect la vie de l'humanité; de moyen propre à procurer le nécessaire, il est devenu le fond même de l'existence.

Une thèse émise par un journaliste fort connu, pour expliquer la soi-disant supériorité de la race veut que, tandis qu'en Europe on travaille pour vivre, aux États-Unis on vit pour travailler. Tout exagérée que soit cette boutade, elle ne sera pas entièrement dépourvue de signification pour qui connaît vraiment l'âme américaine.

Tocqueville avait fort justement remarqué, en visitant ce pays à une époque moins turbulente, l'influence puissante qu'avaient exercé, sur la société des États-Unis, le puritanisme et les idées démocratiques, qui, en créant dans un nouveau milieu, de nouvelles conditions de vie, finissent par modifier le caractère des hommes. Il ne prévoyait pas que cette première place allait, sous peu, être prise par cette nouvelle force, destinée elle, à influencer et modifier, d'une manière bien plus puissante et plus durable, le type américain. Les mœurs en seront

changées, et de la théocratie primitive, il ne res-
tera bientôt plus aucun vestige apparent. C'est
surtout une forme ploutocratique que revêt la
société américaine d'aujourd'hui ; d'aucuns y
verront un recul occasionné par la soif immodérée de l'or. Mais l'or, vil métal en lui-même,
le devient moins, considéré comme produit du
plus noble instinct humain. C'est ce qu'il impor-
tera de ne pas oublier en considérant cette ploutocratie, qui mérite bien l'appellation plus généreuse d' « ergocratie » ou empire du travail.

Mais les forces économiques, agissant avec
une vitesse vertigineuse sur les sociétés humaines,
ne manquent pas d'engendrer parfois des crises
qui peuvent être nuisibles au développement
de la vie publique. Ces crises ont été généralement moins dangereuses en Amérique qu'ailleurs, et c'est un bienfait sans pareil pour le
peuple de l'Union qu'avant de subir cette nouvelle influence omnipotente, il lui ait été donné
de passer par la sage école de l'austère aïeul
puritain, épris de libertés individuelles, et, par
une ère de démocratie véritablement équitable.

Ce sont les diverses influences qui ont créé le
type américain moderne, si reconnaissable déjà
aujourd'hui à un cachet tout particulier, au

moins aussi fort que celui de l'Anglais. Et cet individu que l'Européen reconnaît à première vue comme appartenant à la nouvelle nation, n'est souvent encore en fait qu'un Allemand ou un Irlandais pur sang.

Le milieu a donc, en Amérique, une puissance au moins aussi forte que l'hérédité physique. De plus, l'Américain moderne, au type déjà si accentué, tendra toujours plus à s'éloigner de l'Anglais dont il a pris, suivant l'expression du publiciste bien connu, Stead, tel le Chrétien du Juif, le meilleur de lui-même. Enfin, les grands moyens d'unification aidant, il est probable que ce nouveau type présentera bientôt, dans toute l'Union, une uniformité de traits et de caractère que l'on chercherait en vain dans maint pays plus ancien et moins étendu.

CHAPITRE IV

MŒURS AMÉRICAINES. — FAMILLE. — FEMME. — SOCIÉTÉ.

En dehors des édifices gigantesques, une des premières choses qui frappent l'étranger fraîchement débarqué aux États-Unis, est le bien-être général qui y règne. La classe des malheureux tout à fait déguenillés, si nombreux dans les grandes villes de l'ancien monde, semble, à qui parcourt les rues de New-York, étrangement restreinte. Cette impression n'est pas dénuée de fondement et, pour être la première que se fasse le voyageur, n'en reflète pas moins assez bien l'aspect général de la société américaine, une bourgeoisie très nombreuse, une « aristocratie » fort restreinte, et peu de misère absolue. Voilà en quoi peut se résumer, en quelques mots, l'aspect de la société américaine.

La grande égalité que suppose un pareil état

de choses, n'a pas manqué de laisser une empreinte sur les mœurs privées de l'Américain, lesquelles, sur d'autres points, se rapprochent le plus des mœurs anglaises. Toutefois, si l'amour de la propreté est autant ou même plus développé aux États-Unis que dans la mère patrie, en revanche le sentiment du *private*, le respect pour les affaires personnelles d'autrui, qui est un des charmes de la vie anglaise, fait presque entièrement défaut en Amérique, pays éminemment indiscret.

On se bornera ici à examiner quelques côtés des mœurs américaines, ceux où elles semblent assumer un caractère national, voire même marquer une nouvelle étape dans l'histoire de la civilisation.

LA FAMILLE

On ne saurait en dire autant de la famille qui ressemble de bien près, en Amérique, à la famille anglaise. Les mœurs anglo-saxonnes y ont été modifiées tant soit peu par la nouvelle atmosphère, ce que l'on comprendra aisément après la lecture du chapitre dernier ; mais ce ne sont là que des nuances On accorde à chaque enfant une plus grande liberté, quitte à exiger des jeunes gens qu'ils se créent très tôt une carrière indépendante. L'opinion personnelle du plus jeune membre de la famille y est respectée plus que partout ailleurs peut-être, et la jeunesse n'est pas considérée comme un obstacle à l'obtention d'une position quelconque. Aussi le rôle que jouent, aux États-Unis, les enfants est-il très grand, dans les milieux sociaux les plus divers.

Une telle éducation a assurément ses inconvénients, et cette importance exagérée développe souvent chez les enfants des traits de caractère peu compatibles avec le respect filial et la modestie qui est encore considérée dans l'ancien monde comme leur plus bel ornement. Cependant elle a l'avantage de donner à l'enfant un sentiment précoce d'indépendance et de cultiver en lui les qualités pratiques indispensables dans un monde où l'individu qui sait travailler est le seul qui soit viable.

LA FEMME

Un des exemples les plus frappants de cette liberté accordée aux enfants se trouve dans l'éducation de la jeune fille. Nous abordons ici, en parlant de la femme aux États-Unis, un sujet sur lequel, peut-être plus que sur tout autre, une foule de sottises ont été dites par des gens qui veulent l'analyser à travers un tissu de préjugés apportés d'Europe. On fait parfois de la femme américaine un être extraordinaire, digne assurément de figurer comme héroïne dans un roman sensationnel. Mais la réalité ne justifie aucunement cet idéal chimérique.

Pendant les dures périodes de la colonisation, les hommes étant au travail où à la guerre, les femmes apprirent à se suffire à elles-mêmes, mais aussi à se passer de protecteur masculin. Elles acquirent ainsi des habitudes d'indépendance que l'atavisme n'a fait qu'augmenter. La grande liberté dont elles jouissent a sensiblement modifié leur situation vis-à-vis de l'homme, et c'est en quoi le problème de l'éducation et de l'émancipation de la femme, présente, tel qu'il est envisagé là-bas, un intérêt spécial pour l'histoire sociale. Mais au sein de la famille, la femme américaine est restée à peu près la même que sa sœur d'Europe. Assez marquées, les différences cependant que l'on peut observer s'expliquent par le fait que, dans le Nouveau Monde, la femme jouit vis-à-vis de l'homme d'une égalité réelle à plus d'un égard. La civilisation chrétienne prétend déjà en Europe établir ce principe que l'on peut déduire des enseignements de l'Évangile. Elle ne l'a fait qu'en théorie, mais la libre Amérique a certainement fait faire un pas de plus à la solution de cette question, si pleine d'actualité. Or, il est intéressant et agréable de constater que si, aux États-Unis, la femme est plus près qu'ailleurs d'atteindre son idéal d'être l'égale de l'homme, autant dans le domaine intellectuel que dans la famille, et y jouit d'une plus grande liberté qu'en Europe, les anciens liens de moralité sur lesquels tout notre édifice social est bâti, n'y ont rien perdu de leur force. La femme américaine peut bien vaquer à des occupations personnelles pour lesquelles on lui laisse une entière liberté, mais rentrée dans l'intérieur de la famille, elle y redevient comme ailleurs, avant tout, femme, mère ou fille.

L'Américain, qui concède à sa femme ces grandes libertés que d'autres lui envient, sait à quoi s'en tenir sur ce point. C'est lui qui a élaboré ces institutions. La situation de la femme dans la société, critérium de l'état de civilisation d'une race, est le résultat d'expériences où le législateur a puisé ses informations dans le but d'établir des lois propres à sauvegarder le sens moral, condition de la pureté de la race. Le système du harem, le système européen et le système américain ne représentent que des gradations tendant au même but. Applicables chacun à une culture donnée, ils provoqueraient, échangés, des résultats pitoyables pour la moralité publique. A une plus grande liberté doit s'allier une plus grande conscience de ces devoirs envers la race. L'aïeule de l'Américaine avait appris cette vérité dans les temps reculés, et celle-ci, en héritant de cet esprit d'indépendance, sait ne pas en abuser.

S'il en était autrement, il se produirait un revirement, et le peuple des États-Unis ferait preuve, pour mettre un frein à l'immoralité, de la même énergie qu'il a manifestée pour arrêter les ravages de l'alcoolisme et d'autres fléaux sociaux. Ce n'est donc pas, comme pourrait le préconiser quelque apôtre d'un féminisme à outrance, des lois morales que s'est affranchie la femme du Nouveau Monde. Ces règles si anciennes tiennent quelquefois plus

de place dans sa vie que dans celle de la femme
d'Europe, mais c'est par une soumission tout à fait
volontaire et raisonnée. La statistique des naissances illégitimes aux États-Unis est une des plus
faibles qui existent. Les mariages très fréquents
se concluent généralement à un âge fort tendre
et sont, la plupart du temps, le résultat de sympathies mutuelles, car ce peuple pour lequel tout
est une « affaire » connaît moins que tout autre
les « mariages de raison ». L'adultère ne bénéficie
guère, quelques coteries exceptées, de la tolérance indulgente qu'on lui accorde en Europe.
Les divorces sont certainement plus nombreux
aux États-Unis que chez nous, mais on ne saurait voir en cette circonstance la preuve de plus
nombreux désastres conjugaux. C'est que l'on y
envisage la question d'une manière plus libérale
et que les lois y accordent une plus grande facilité pour rompre des liens que l'on reconnaît
onéreux et que partant l'on considère comme
manquant désormais de fondement moral.

Ces derniers temps, d'ailleurs, un revirement s'est produit à cet égard dans l'opinion
publique. Plusieurs congrégations ont décidé
d'user de leur influence pour infirmer autant
qu'il est en leur pouvoir la teneur des lois

civiles réglant la question du divorce d'une manière trop large à leur avis.

Ces remarques s'appliquent naturellement à toutes les classes de la société sans distiction. Il ne s'agit d'ailleurs que de généralités et la règle implique mainte exception. Le fait qu'elle est libérale est une preuve que les infractions ne portent pas préjudice à l'édifice moral de la nation. Évidemment aux États-Unis comme ailleurs, le bas peuple a des mœurs plus ou moins élastiques ; toutefois, le niveau le plus élevé de culture que l'on rencontre dans toutes les classes de la société d'outre-mer, rend très probablement plus rares qu'ailleurs les cas d'une interprétation peu stricte des idées morales dominantes. La femme du peuple jouissant en outre partout de libertés plus grandes que la « mondaine », c'est dans les mœurs de cette dernière que nous trouverons des caractères distincts auxquels il vaudra la peine de s'arréter.

LA MONDAINE

La mondaine est représentée presque exclusivement dans les divers cercles de la « société » américaine par la femme non mariée. C'est la jeune fille qui en est la reine et tout tourne, dans ces milieux, autour de la « society girl ». La femme mariée ne joue un grand rôle que dans les quelques coteries dont l'ambition suprême semble être d'imiter les mœurs d'Europe ; avant tout elle appartient à sa famille, et c'est à la jeune fille que sont réservés tous les hommages. C'est là un point qui montre le côté sain et moral de la vie en Amérique, car ce ne sont pas les sociétés où la jeune fille s'efface et où la femme mariée seule est comblée d'attentions qui, en définitive, sont les plus vertueuses. La jeune fille américaine flirte et s'amuse, mais avant tout elle va dans le monde pour trouver un mari. Elle jouit d'une liberté que limitent d'une façon absolue les règles de la bienséance, cependant le terme varie de sens suivant les milieux et les villes.

Partout une jeune fille pourra passer des journées entières en compagnie d'un homme non marié sans craindre de se compromettre ; mais tandis que dans telle ville, il sera admis qu'ils aillent dîner en tête-à-tête dans l'un des cercles mixtes si nombreux dans le pays, et finir la soirée au théâtre, la société absolument analogue de la ville voisine trouverait pareille chose insensée.

L'essentiel n'est pas au demeurant, l'interprétation plus ou moins large donnée aux usages admis, mais bien que l'opinion publique, aux États-Unis, aussi forte dans les relations sociales que dans la vie publique, impose toujours une règle à laquelle il faut se conformer sous peine de risquer sa réputation. C'est là ce qui ôte à ces mœurs si libres tout caractère clandestin et piquant. Le bon sens pratique a, d'ailleurs, là, comme à d'autres égards, trouvé la note juste. S'il est considéré de bon ton pour deux personnes de sexe différent et appartenant à la meilleure société, de passer la soirée ensemble au théâtre ou à une table de club, sous les yeux de leurs connaissances, on ne tolérerait pas un dîner en tête-à-tête dans un restaurant. Il n'y a donc aucune analogie entre cette coutume et les dîners en cabinet particulier, tels qu'on les connaît en Europe.

Mais ces règles conventionnelles ne suffiraient évidemment pas à protéger la jeune Américaine. C'est sa force morale personnelle, et aussi l'esprit d'honorabilité ancré dans les mœurs de la nation qui lui offrent les garanties nécessaires. Il y a sans doute aux États-Unis comme ailleurs, des cas de défaillance parmi les femmes du meilleur monde, et nombre de « demi-vierges ». Mais si ces cas sont plus rares qu'on se l'imaginerait, la raison en est surtout aux mœurs qui en réduisent considérablement les probabilités. Plus même qu'en Angleterre, dont les idées ont été ici encore intensifiées, le côté pratique et « business like » joue un rôle dans la matière. La jeune fille « bien élevée » aura été initiée autant qu'il le fallait par sa mère, et renseignée pleinement sur la valeur de son innocence.

D'autre part, et ceci est bien plus important pour le psychologue, le jeune homme auquel elle a été confiée, n'oserait que, sous peine d'ostracisme social, se départir envers elle du maintien prescrit par les convenances. En Amérique, le type du don Juan si connu en Europe où l'on peut effacer tant de choses par un coup d'épée ou une balle de pistolet, n'existe guère et la femme américaine le trouverait peu intéressant. Le jeune homme, occupé de ses affaires et élevé d'une manière pratique, n'aura donc cure d'entamer une liaison qui, dans la plupart des cas, le mènerait à un mariage forcé, ou, s'il s'y montrait rebelle, à l'ostracisme social, augmenté d'une très forte amende suivant le principe britannique du *breach of promise of marriage*. Ce ne sera donc guère pour courir des aventures de ce genre qu'il fréquentera le monde, mais plutôt pour jouir de la franche camaraderie admise entre les deux sexes ou pour se marier et s'établir. Ainsi, même dans le cas où le sens d'honorabilité fait défaut, le sens pratique aidera puissamment au maintien des bonnes mœurs. C'est là un point que feront bien de méditer ceux qui préconisent l'application au vieux monde des mœurs du nouveau.

Ces mœurs ont parfois des conséquences difficiles à admettre d'après les idées qui ont cours en Europe. Il n'est pas rare que la jeune fille prémunie, sûre d'elle-même et de son partenaire, lui accorde des « privautés » que la stricte morale ne saurait excuser. La même morale qui attache de la valeur autant à l'innocence psychique que physique de la vierge ne saurait admettre non plus la manière aisée dont la jeune Américaine change de fiancé, sans risquer aucunement de compromettre sa réputation, jusqu'à ce que son choix lui paraisse digne d'être définitif. Mais pour formuler un jugement impartial, il faut se placer entièrement au point de vue des mœurs nouvelles de ce nouveau pays. A cet égard, on devra convenir que, pour ne pas posséder la même somme d'ignorance candide que le mari européen aime à supposer chez sa fiancée, et à laquelle d'ailleurs les idées amécaines attribuent beaucoup moins d'importance, la jeune fille mondaine des États-Unis apporte généralement à son époux un fonds de franchise et de sens pratique qui n'est pas à dédaigner. Après ses nombreux flirts, l'Américaine fait une excellente épouse. Au demeurant, il faut, sur ce terrain plus encore que sur tout autre, se défier des généralisations.

Les idées américaines sur le rôle de la femme ont eu une autre conséquence, peut-être plus imprévue : c'est la transformation qu'ont accomplie chez l'homme ces mœurs si libres, abandonnant entièrement à son honorabilité la protection du sexe faible. La femme est dans cette société de beaucoup supérieure à l'homme, dans tout ce qui concerne le domaine artistique et la vie cultivée. Cette différence foncière provient de leur éducation et occupations respectives. Tandis que dès l'âge de raison, le jeune homme est voué aux affaires sans avoir le loisir de quitter son bureau ou son usine, la jeune fille a pu vouer tout son temps au culte des lettres et des arts, et a généralement visité quelques-unes des nombreuses merveilles artistiques du monde. Elle a souvent acquis, au cours de ces études et de ces voyages, avec son talent d'assimilation si prononcé, de nouvelles notions esthétiques et de plus grandes distinctions de forme. Aussi, plus encore qu'ailleurs, son opinion fait-elle loi dans toute question de goût.

L'Américain est fier de cette femme, et fier avec raison. Conscient souvent de cette supériorité spéciale, il voue à sa compagne, pour laquelle il ne cesse d'amasser de l'or, un culte touchant, et cette grande liberté qu'il lui confère, il la rend possible par des habitudes de déférence plus grandes encore. De ce sentiment est né un des traits les plus nobles du caractère américain, et qui, quoiqu'il paraisse tout d'abord incompatible avec sa rudesse habituelle à d'autres égards, est aujourd'hui si répandu qu'il doit être un des premiers à attirer l'attention de l'étranger. C'est, dans les circonstances données, un phénomène presque unique en son genre, mais que l'on peut observer déjà dans la classe ouvrière où l'on ne confie à la femme que le travail le plus facile. N'importe quand et n'importe où, aux États-Unis, la femme la plus humble comme la plus grande dame pourra réclamer l'aide du premier homme venu, elle peut avoir la certitude de ne pas être déçue. Comme jadis au moyen âge, le culte voué à la femme a fait vibrer à un diapason plus élevé encore, les fibres les plus nobles de l'âme humaine. Cette influence affinante exercée aux États-Unis par le sexe faible sur le plus fort est une des manifestations dont ont le droit d'être fiers autant l'homme que la femme du Nouveau Monde.

LA SOCIÉTÉ

La société dans laquelle la femme règne souverainement est naturellement presque toujours basée sur la fortune (1). Le peuple des

(1) Pour se faire une idée du rôle que jouent aux États-Unis les millionnaires comme coterie, il ne sera pas sans intérêt de faire remarquer que, d'après les statistiques récentes, le nombre des citoyens de l'Union possédant un ou plusieurs millions de dollars s'élevait à 38,000. Leur fortune totale représentait 16 milliards de dollars, soit un sixième environ de la fortune publique du pays! De ces fortunes les 87 pour 100 ont été créés par leurs détenteurs actuels et seulement 13 pour 100 ont été acquis.

États-Unis étant d'une nature sociable, la vie mondaine y joue un grand rôle. Toutes les grandes villes de l'Union ont leurs coteries distinctes; elles se ressemblent dans les grandes lignes, quoiqu'on ne veuille généralement pas l'admettre là-bas, où elles se jalousent et se dédaignent plus encore qu'en Europe. On peut observer cependant que le goût et les manières sont bien plus affinés dans les grands centres de l'Est, que dans les villes de l'Ouest, dont les mœurs, en dépit des apparences, ont conservé quelque rudesse. C'est là sans doute une raison autant qu'une conséquence du grand mouvement qui pousse le « business man » à revenir s'établir dans une des grandes villes de l'Est, après fortune faite. Parmi les sociétés de l'Est, Washington et New-York présentent, à plusieurs égards, le type souvent fort mal imité des aristocraties du vieux monde.

Washington a, en dehors du monde officiel, une société élégante tenant le premier en piètre estime. New-York est la ville de la coterie milliardaire dite des « quatre cents », alliée aux meilleures familles d'Angleterre et du continent, et qui se considère comme la plus aristocratique du pays. Philadelphie a une société basée, elle aussi, sur la fortune et la distinction.

Enfin Boston mérite ici une mention spéciale, car, fait presque unique aux États-Unis, c'est plus une véritable distinction que la possession de l'or qui est le signe distinctif de sa société si intellectuelle et cultivée.

Prise dans son ensemble, la « société » américaine, malgré ses velléités aristocratiques, offre un caractère essentiellement démocratique. C'est un cercle vicieux, dont elle ne peut sortir et qui, tout en lui prêtant de nombreux ridicules, a, par le fait, une conséquence heureuse sur le développement social du pays. Toutes les classes de la société étant très rapprochées, les barrières artificielles que l'on veut créer entre elles sont souvent complètement illusoires. Le ploutocrate des « quatre cents » n'est, en réalité, qu'un richard, auquel son argent, par-dessus tout le reste, procure encore le *social leadership*. Son concitoyen moins fortuné l'admire pour la position qu'il a su conquérir par son travail; il ne le respecte pas nécessairement pour cela.

La société américaine présente de grands points de ressemblance avec la haute bourgeoisie anglaise, *upper middle class*, avec cette différence que tout s'y trouve sur une plus grande échelle. La liberté qui règne entre les deux sexes et le ton bruyant en témoignent. Une certaine allure cavalière frappe au premier abord comme signe particulier : ce ne sont souvent que de mauvaises manières. Il ne saurait, d'ailleurs, en être autrement, alors que les « reines » des premiers salons étaient souvent, il y a quelque dix ans, de braves femmes qui ne rêvaient sans doute pas d'atteindre une si haute position. Plus que toute chose, la distinction et l'élégance de l'esprit ne s'achètent pas avec de l'or; il faut un long atavisme pour les acquérir. En Amérique, la seconde génération déjà produit des « dames » dont la distinction est manifeste. On ne saurait réellement exiger davantage.

Un fait, cependant, rend la haute société américaine très différente de toute autre classe bourgeoise ou de finance. C'est le manque absolu dans le pays d'une véritable aristocratie de naissance, car les familles qui comptent des ancêtres remontant même moins haut que la plus récente bonne noblesse d'Europe, ne peuvent être prises en considération comme facteur social.

Partout où existe une vraie aristocratie, le parvenu s'empresse d'en imiter les manières et surtout les défauts. C'est un immense bienfait pour les États-Unis que le phénomène ne s'y puisse pas produire. L'aristocrate du vieux monde est remplacé ici par le millionnaire. Celui-ci n'est pas un « snob », mais le véritable grand seigneur du pays. Il n'aspire pas à une situation sociale, il la possède. Son attitude n'en est ainsi rendue que plus digne; toute la fierté du millionnaire lui vient de sa fortune, fruit de son travail. Il est franchement ploutocrate et, s'il s'attribue une importance que le bon goût peut parfois trouver excessive, c'est au moins sur une base réelle et solide que reposent ces prétentions. Aussi voit-on en Amérique le millionnaire continuer jusqu'à la fin de ses jours sa vie d'affaires et ne pas chercher, comme en Europe, à faire oublier ses humbles origines par des dehors brillants. Toute la vie mondaine d'outre-mer est influencée par cette circonstance. On ne voit pas en Amérique, ou fort rarement, ces châteaux de propriétaires terriens que s'élève le parvenu d'Europe; la vie reste affairée et éminemment citadine. On ne peut nier que ces conditions n'aient eu une heureuse influence sur le type d'homme qui se considère le premier du pays. Avec ses manières rudes, les formes extérieures n'étant tenues qu'en piètre estime parmi les hommes, cet « aristocrate » américain ne manque pas de grandeur virile. Il a toujours pris une part honorable dans les guerres de son pays. L'habitude anglo-saxonne de ne presque jamais doter les enfants les force à demander leurs ressources au travail. L'opinion publique exige sévèrement un maintien de *gentleman*, au moins de fait, sinon dans les choses extérieures. La déférence envers la femme en est une preuve. Toutes ces influences, le millionnaire les a subies dans sa jeunesse, et quand il a réalisé sa fortune, c'est avec un esprit large qu'il en use.

Aux États-Unis la charité publique et privée tient une place plus grande que partout ailleurs, et son étude mériterait à elle seule un chapitre entier. L'exercice de la charité y est considéré comme un devoir civique, aussi impérieux que l'ancien axiome de « noblesse oblige ». Les fondations ne se comptent plus, qu'ont vouées aux bonnes œuvres et à l'éducation les philanthropes du pays. Ce type d'homme à trempe d'acier, durci dans les affaires et par la rude école de la vie laisse assurément bien augurer pour l'avenir de la Grande République (1).

Quant au type, rare aujourd'hui, mais qui se trouve cependant dans quelques villes de l'Est, dont l'ambition basée sur une généalogie incertaine n'est que d'imiter l'aristocratie d'Europe, il s'abaisse en voulant se targuer de prétentions auxquelles il n'a nullement droit, lui qui a conquis sur la nature une fortune royale. C'est un spécimen aussi antipathique qu'inutile. Il n'aura jamais sa place en Amérique, car il n'est pas américain.

Enfin, pour terminer, il faut mentionner, en quelques mots, le côté comique de la vie mondaine d'outre-mer. La vanité humaine a su élever partout des barrières sociales entre les

(1) M. Münsterberg, dans son ouvrage cité plus haut, affirme qu'en Amérique, une aristocratie fondée sur les privilèges différents de naissance, de fortune et de supériorité personnelle est en voie de formation, que c'est d'elle que le peuple américain attend la direction de ses destinées. Cette assertion ne peut guère se défendre. Aux États-Unis plus qu'ailleurs on a sans doute le respect de la supériorité individuelle et quelques grands hommes, quelques chefs industriels, plus rarement le représentant d'une famille à laquelle le pays doit de la reconnaissance peuvent exercer sur la vie publique une certaine influence, mais le peuple américain ne reconnaitra jamais de classe dirigeante. Il honore ses « aristocrates » au sens le plus élevé du mot, mais ne voudra pas d'aristocratie incompatible avec ses idées.

divers groupes qui se jalousent. Pour être fon-
cièrement démocratique, l'esprit américain n'en
est pas moins enclin à des faiblesses. N'étant
créées ni par la naissance, ni par les honneurs,
ces barrières semblent manquer de toute justifi-
cation. Mais l'imagination aidant, on est arrivé à
atteindre le but. A défaut de naissance ou d'honneurs, et la fortune représentant un terme trop
général, c'est aux lieux de résidence qu'on s'en
est pris. Telle ville ne peut sans un sourire de
mépris en entendre mentionner une autre dont
elle dédaigne la société. On arrive parfois à
croire qu'il est presque honteux d'habiter telle
ou telle cité ! Plus celle-ci est située vers l'ouest,
plus grand paraît aux yeux de l'élégante de New-
York ou de Washington, le déshonneur de l'habiter. Ces distinctions se retrouvent dans une
même ville, et l'on n'y compte pas le nombre des
coteries diverses qui s'y coudoient sans se fré-
quenter. Telle Mme X., femme d'un marchand
de drap ou d'un bijoutier, dite bien née *(sic)*, sera
reçue dans la société la plus exclusive de l'endroit, tandis que Mme Y., du même nom et
d'une même origine, tentera en vain, malgré ses
millions et sans cause apparente, de forcer
l'entrée du cercle magique. Si le manque d'une

noblesse héréditaire a préservé l'Amérique du plus odieux des snobismes, la mesquinerie qui fait le fond de tant d'âmes humaines a trouvé un autre terrain où se manifester. D'aucuns ont trouvé bon d'imiter les coutumes nobiliaires. Ainsi l'on trouve aux États-Unis une quantité de soi-disant décorations et d'ordres de chevalerie. Il n'est pas rare non plus de voir s'orner d'une couronne nobiliaire, voire même souveraine, les détenteurs d'une fortune que maint prince authentique échangerait volontiers contre son titre Au moins ce snobisme n'a-t-il à sa disposition qu'un domaine aussi restreint qu'inoffensif. Ce fait peut être d'un certain intérêt pour l'observateur, il ne saurait avoir la moindre influence sur les destinées du peuple américain (1).

(1) Il a été question plus haut du manque d'aristocratie, et de certaines prétentions nobiliaires non justifiées. Il est évident que les remarques ne se rapportent aucunement à la « gentry » de Virginie, descendant de familles nobles venues d'Angleterre. Cette classe, l'une des plus honorables de l'Union, ne mérite que des éloges; elle est cependant aujourd'hui tellement appauvrie que l'on ne peut plus guère la considérer comme facteur politique ni comme facteur social de la vie publique de l'Union.

CHAPITRE V

Les quatre-vingts centièmes à peu près de la population totale des États-Unis savent lire et écrire, et le reste qui ignore l'alphabet, se recrute surtout parmi les races de couleur et les derniers immigrés. Ces chiffres placent le pays à un rang très honorable parmi les nations civilisées, mais l'éducation populaire est en train d'y prendre un essor tout à fait extraordinaire. Le nombre des écoles américaines atteint déjà les trois quarts du nombre total des institutions de ce genre de l'Europe entière. Pour l'année scolaire 1902-1903, la statistique officielle estime que le nombre des élèves fréquentant les écoles a atteint le chiffre de dix-sept millions et demi, dont la majorité se répartit dans des établissements publics. Parmi les élèves, seize millions et demi fréquentaient des écoles élémentaires ;

près de 700,000, des collèges divers; près de 104,000 appartenaient aux universités, et le reste étudiait dans les écoles spéciales. Quant aux universités et autres institutions d'instruction supérieure, que le compte rendu officiel désigne sous le nom de *colleges of liberal art*, il en existe quelque cinq cents dans le pays, occupant environ 14,000 professeurs et maîtres divers. On peut ranger dans cette catégorie, plus large que celle dont il vient d'être question, 158,000 étudiants, dont 38,000 sont du sexe féminin.

Ces chiffres sont plus éloquents que toute dissertation sur la matière. Comme d'ailleurs ils accusent chaque année une forte augmentation, ce courant d'éducation ne manquera pas d'exercer une grande influence sur les masses; aucun autre pays ne fait autant pour l'instruction publique. Si cette instruction est partout très soignée, c'est cependant dans la Nouvelle-Angleterre avec Boston, surnommée « l'Athènes américaine » comme centre, que ces résultats sont le plus probants. Le Nord-Est et tout le territoire de Washington et de New-York, suivent de près, et il est curieux de constater que cette zone correspond ainsi à celle des plus grandes fortunes.

Mais ce n'est pas seulement par son extension que l'instruction publique aux États-Unis attire l'attention, c'est aussi par son accessibilité à tous. Dans ce pays où, hormis les besoins essentiels, tout est si cher, il est à la portée de toutes les bourses de jouir de l'instruction secondaire, voire même universitaire. Les taxes perçues pour l'admission aux grandes universités sont minimes. Dans les « halls » *mensæ academica* des plus élégantes universités, l'étudiant indigent peut prendre ses repas pour une somme moins élevée que dans mainte petite ville d'Europe où la vie est cependant bien moins coûteuse.

Le système général d'éducation et d'instruction paraît être l'effet d'une heureuse combinaison du système anglais et du système continental, et plus particulièrement allemand. C'est dire que l'Amérique a su trouver le juste milieu entre ces deux méthodes si différentes, et qui donnent si souvent, chacune d'elles quand elle est appliquée d'une manière trop intransigeante, des résultats regrettables. On ne sacrifie ni l'intelligence au corps, ni le corps à l'intelligence : s'inspirant du seul principe sensé du *mens sana in corpore sano*, elle fait une large part à l'esprit autant qu'à l'entraînement corporel. L'instruction primaire et secondaire y est, de plus, caractérisée par des méthodes essentiellement pratiques, tendant à faire des enfants des hommes indépendants, qui ne compteront désormais que sur eux-mêmes pour le *struggle for life*.

L'instruction supérieure est particulièrement intéressante. Elle est représentée par trois types d'université, différant fortement entre eux. Ce sont d'abord les universités réputées très élégantes de l'Est, telles que Harvard College, Cambridge près de Boston et Yale, qui rappellent les institutions analogues de l'Angleterre. A côté de l'étudiant riche, venu pour y passer agréablement son temps et y faire des relations utiles, l'on y rencontre l'étudiant travailleur. L'organisation de ces institutions et la discipline qui y règne semblent souvent avoir été copiées sur le modèle des grandes universités anglaises d'Oxford et de Cambridge. Elles souffrent aussi des mêmes lacunes que ces dernières, chez lesquelles la trop grande importance vouée aux classiques latins et grecs ainsi qu'aux sports ne correspond plus aux exigences pratiques de la vie moderne. Aussi n'est-ce pas dans ces institutions élégantes que l'on pourra chercher les traits d'originalité que l'on attend de toute institution américaine. Pour trouver cet élément typique, il faudra donc visiter les grandes universités du Centre et du Nord-Est, qui forment la seconde catégorie des institutions de ce genre. Leur trait distinctif est que tout le monde y travaille, car les paresseux ne sauraient qu'y chercher. On a ajouté à ce type très amériricain tout ce que l'Université anglaise ou allemande contient de meilleur. Le président, qui correspond au recteur, y jouit d'une grande autorité; les étudiants, quoique presque aussi libres qu'en France et en Allemagne, trouvent un correctif à l'exubérance de leur jeunesse dans de nombreux intérêts d'ordre pratique. Enfin la troisième catégorie se compose de petits collèges, situés dans des parages généralement retirés, et qui, malgré leur utilité pour l'éducation populaire, ne peuvent guère prétendre, vu la médiocrité de leurs corps enseignants, à être rangés parmi les universités.

En laissant de côté cette dernière catégorie, l'université américaine, surtout celle du second type, est une institution dont maint autre État pourrait tirer des leçons profitables. Le sens pratique y domine. Ce fut une heureuse inspiration que celle qui poussa les fondateurs de ces universités à les placer en des lieux retirés, au milieu de la belle nature, et d'éviter autant que possible les grands centres qui offrent des tentations nuisibles à la jeunesse. Dans le programme scolaire figurent, à côté des cours classiques comme en Angleterre, tous les autres cours permettant à l'étudiant de se préparer à une carrière spéciale. Il est intéressant de constater que le système des concours, si répandu en Angleterre, a été fortement limité ici ; il éveillait sans doute, trop facilement des instincts incompatibles avec le but des études et la dignité de la science. Les cours qui durent trois ou quatre ans généralement, visent, comme en Europe, à l'obtention d'un grade universitaire, qui, lorsqu'il s'agit de carrières spéciales et notamment du barreau, est d'un avantage réel sans être cependant indispensable. Un examen précède, comme en Europe, cette promotion à un grade académique, mais là aussi le sens pratique des Américains a apporté une heureuse modification. Le candidat à cet honneur ne peut l'obtenir après un ou plusieurs examens de fin d'études passés dans un court laps de temps; il est astreint à subir une série d'épreuves qui ont lieu périodiquement pendant toute la durée de son passage à l'université, et c'est du résultat moyen de ces examens que dépend son succès final. Ce système, tout en contraignant l'étudiant à vouer au moins une partie de son temps aux études, le défend contre les hasards de la chance, si communs aux examens; il récompense ainsi le vrai mérite, et réduit à sa juste valeur le travail hâtif et sans suite, exécuté dans le but unique de ne pas manquer l'examen.

Dans les universités de type spécialement américain, on cherche à favoriser autant que possible la vie en commun entre les étudiants. On a créé dans ce but plusieurs sociétés d'étudiants, dont les plus intéressantes sont connues sous le nom de « Sociétés à lettres grecques »; elles prennent pour dénomination trois lettres de l'alphabet de cette langue, qui ont parfois un sens symbolique. Le but de ces associations est de créer l'intimité en cultivant certaines études et certains sports en commun. Leur centre est le *fraternity house*, sorte de club aménagé, quand ses membres sont fortunés, avec le plus grand confort, et où ils résident et prennent leurs repas. Tout en laissant à l'étudiant une réelle liberté, les règlements de ces sociétés s'efforcent de préserver les bonnes mœurs et la dignité de la tenue. En particulier, l'étudiant des premières années est astreint à modérer ses divertissements en se conformant à des règles assez sévères, jusqu'à ce que l'on juge qu'il a fait suffisamment preuve de sagesse. Il ne viendra pas plus à l'esprit de l'étudiant américain de refuser de se conformer aux coutumes établies, qu'au *korps student* allemand de se récrier contre les statuts de l'association à laquelle il est fier d'appartenir. Empreintes d'un caractère pratique, dépourvues, d'autre part, de toute hypocrisie, ces règles produisent le plus heureux effet sur le jeune étudiant. C'est, ainsi que dans le corps allemand, une éducation complémentaire. Mais l'institution américaine a, sur l'allemande, l'avantage d'atteindre ce but sans soumettre ses membres aux pratiques surannées de libations officielles et de duels inutiles.

Les universités américaines doivent, pour la plupart, leur création à quelque secte spéciale, à laquelle elles se rattachent dès lors officiellement. Mais les établissements protestants, tout en conservant l'esprit religieux, n'aspirent nullement à faire des prosélytes. Autant dans le corps enseignant que parmi les étudiants règne la plus large tolérance. Les institutions catholiques par contre, chez lesquelles l'instruction religieuse joue un très grand rôle, sans préconiser l'intolérance, appartiennent à une catégorie spéciale.

L'élément féminin tient une place importante dans le domaine de l'instruction publique aux États-Unis. Les trois quarts des membres du corps enseignant appartiennent au beau sexe. Les institutrices se répartissent surtout dans les écoles élémentaires. Les élèves des deux sexes fréquentent les mêmes classes. Ce principe de « coéducation » est répandu autant dans l'instruction moyenne que dans les écoles universitaires. Les pédagogues américains y voient une garantie pour l'avenir moral de la jeunesse, accoutumée dès l'enfance à une franche camaraderie. Ce système est préconisé comme devant donner à la jeune fille de la force de caractère, et des manières plus douces au jeune homme.

En ce qui concerne le côté matériel de l'instruction supérieure, il est à remarquer que la majorité des étudiants suffisent à leurs besoins. Les frais sont minimes, et, d'ailleurs, le travail manuel n'étant pas estimé honteux, il n'est pas rare de voir l'étudiant indigent se livrer, en dehors des classes ou pendant les vacances, à un métier rémunératif quelconque, voire même à servir dans les hôtels de villégiature. Les « bourses » et « scholarships » si connus en Angleterre ne semblent pas être en honneur dans les universités d'outre-mer ; ils sont avantageusement remplacés par les fonds considérables dont disposent, en général, les institutions, et qui permettent à leurs présidents de venir en aide à l'étudiant besogneux, digne de mériter ce secours. De plus, des caisses de prêts, admirablement organisées, existent presque partout.

Ces fonds, dont peu d'universités américaines sont dépourvues, proviennent, en grande partie, de la générosité de l'Américain qui, à cet égard, ne connait pas de bornes ; les subventions officielles y contribuent aussi, et il existe, dans certains États, des dispositions légales d'après lesquelles la fortune de l'université doit toujours atteindre un tantième de la fortune publique ; cette somme est prélevée par des impôts. C'est là, évidemment, une manière ingénieuse d'assurer un équilibre permanent entre les besoins intellectuels des habitants et le moyen de les satisfaire. Cependant, dans la plupart des cas,

point n'est nécessaire de recourir à une semblable mesure. La munificence privée suffit am-
plement aux besoins de l'éducation; en dehors
de legs considérables, il n'est pas rare de voir un
philanthrope millionnaire fonder lui-même un
établissement académique dont il assumera les
frais. La statistique officielle, pour l'année scolaire de 1899-1900, évalue le total des revenus
annuels des « Universités et Collèges libéraux »
à la somme de vingt-huit millions de dollars; les
dons reçus pendant cette année s'élèvent à la
somme de douze millions de dollars; onze millions seulement provenaient des taxes payées par
les étudiants, quatre millions de subventions
gouvernementales et municipales, et le reste
représentait les intérêts annuels de diverses fondations. On peut affirmer que dans les grandes
universités d'Amérique, le niveau intellectuel
de la valeur intrinsèque de l'instruction ne le
cède en rien aux premières académies du monde.
Le complément de ces institutions se trouve dans
les petits collèges fort nombreux mais moins
connus, qui ont cependant prise sur des éléments
qui échappent aux autres.

Le système de l'*University extension* que l'on
vient d'imiter en Europe, est apte, lui aussi,

avec ses cours gratuits donnés par des professeurs « ambulants », d'inculquer aux masses et surtout à la population nègre des principes d'instruction qui ne peuvent manquer de porter des fruits. Enfin, les bibliothèques populaires servent, elles aussi, à répandre les lumières dans le pays, et méritent une mention spéciale. On prétend que le roman ne représente que le cinquième des millions de volumes qu'elles renferment. La plus grande partie de ces livres est de provenance américaine. Les publications périodiques sont plus nombreuses aux États-Unis que sur tout le continent européen, et autant les maisons privées que les bibliothèques en sont pleines.

Il est difficile de prédire ce que pourra être, avec des moyens si puissants à son service, dans une cinquantaine d'années, ce nouveau moyen de culture du peuple américain. Pour le moment, malgré la soif d'apprendre, si répandue partout, l'instruction doit nécessairement parmi les masses, y demeurer encore fort superficielle. A ce titre, elle crée souvent de nouveaux besoins sans offrir les moyens de les satisfaire. Ce n'est pas toujours là un bonheur pour l'avenir d'un pays, mais c'est un problème qu'il appartient à la philosophie sociale de résoudre. C'était la seule ligne à suivre par la nation qui a inscrit ces paroles sur le fronton d'un de ses plus beaux édifices publics (la Bibliothèque nationale de Boston :) *The commonwealth requires the education of the people as a safeguard of order and liberty*. C'est en vérité de la vieille cité néo-anglaise, qui, avec ses rues tortueuses et son aspect presque européen, rappelle si peu la vie affairée d'Amérique, qu'a éclaté le trait de lumière qui en a fait la métropole intellectuelle de la nation américaine.

CHAPITRE VI

VIE PUBLIQUE ET POLITIQUE

Les influences qui avaient présidé à la formation du caractère national doivent nécessairement se retrouver dans les manifestations de la vie publique des États-Unis. On voit dès les origines de la république, l'ascendant qu'exercèrent sur les auteurs de la Constitution, les traditions conservatrices britanniques, dont on sut maintenir les traits essentiels, et les nouveaux principes de démocratie qui venaient d'éclore en France. Ces principes, inspirés par les théories philosophiques des hommes éclairés de la fin du dix-huitième siècle, avaient pour but principal de diviser le pouvoir des autorités constituées.

Enfin, on ne saurait nier que le principe pratique des affaires n'ait influencé aussi le développement de la vie publique du pays. Si les

moyens inventés jadis pour équilibrer les divers
pouvoirs, semblent déjà accuser cette tendance,
les conditions d'existence créés par le rapide
développement économique du pays, ont fait
de la vie politique d'aujourd'hui une « affaire »
par excellence.

Dans cette gigantesque « affaire » la constitution est la loi, le pivot autour duquel tourne
toute la machine publique. Les partis pourraient être comparés à deux immenses cadres,
entre lesquels se meut ce pivot, et dans lesquels
doivent trouver place tous les intérêts vitaux.
Enfin la force qui met tout en marche, qui
parfois pousse et parfois retient l'ardeur des
partis, c'est l'opinion publique, définie fort
justement par M. Bryce, comme le « souffle »
même du peuple américain. Ce sont là les trois
facteurs primordiaux de la vie politique d'outre-
mer.

LA CONSTITUTION

L'aspect que présente actuellement le pays
au point de vue du droit public, rappelle assez
la constitution suisse. Les États-Unis d'Amé-

rique sont composés d'une cinquantaine d'États ayant chacun son gouvernement et sa souveraineté propre. C'est par l'abandon de certaines de leurs prérogatives et de quelques-uns de leurs droits souverains que ceux-ci ont donc constitué la souveraineté de l'État américain. Mais il ne saurait s'agir que d'une délégation tout à fait partielle.

Ainsi, il n'est point admis que les États-Unis, comme nation, priment tout; au contraire, le principe juridique opposé est en vigueur dans toute son étendue et chaque État est réputé souverain sur toute matière dont il n'a pas été formellement spécifié que la juridiction ressortissait du gouvernement fédéral. Pour les premiers États fédérés, cette délégation était en même temps la conséquence et le but de la constitution; pour ceux qui s'y adjoignirent plus tard, elle devint, par un pacte tacite, la condition de leur existence. Cependant, on ne saurait affirmer que cette délégation fût indispensable, car chacun des États est doté d'un organisme vital complet. M. Bryce, dans sa métaphore sur l'édifice public de l'Union, en donne une excellence idée. Comparant les divers États à des chapelles, situées les unes à côté des autres, mais sans se toucher, il voit l'État fédéral comme un édifice plus élevé, tel le dôme de l'Église du Saint-Sépulcre, qui contiendrait tous les autres dans son enceinte ; constituant à lui seul un édifice complet, il surplombe les autres, et les réunit sans les altérer. De loin, on n'aperçoit que l'église patriarcale et les multiples chapelles échappent à la vue ; de même, l'étranger voyageant en Amérique, oublie de donner à la vie publique des États qu'il traverse, l'attention qu'elle mérite.

Ceux-ci avaient autrefois, par le fait même de leurs traditions souvent très différentes, une importance plus grande qu'aujourd'hui. Le gouvernement fédéral, en se centralisant toujours davantage, a vu, comme en Suisse, son prestige s'augmenter. Néanmoins, le patriotisme local subsiste, et l'Américain conserve toujours à l'État dont il est originaire un culte qui n'empêche nullement d'ailleurs son dévouement à la grande patrie.

Il importe donc, pour l'étude politique du pays, d'avoir constamment en vue ces deux pouvoirs issus de la Constitution, forces réunies dans un puissant engrenage, qui se côtoient continuellement et empiètent même parfois sur leurs domaines respectifs : l'État fédéral et les divers États.

Ce double point de vue s'imposa dès le début aux auteurs de la Constitution. Les treize colonies révoltées avaient chacune son « self government », modelé sur la Constitution britannique. Rien ne les réunissait, que le fait d'avoir été toutes également sujettes de la couronne d'Angleterre et d'avoir joui, à ce titre, de droits analogues. Elles sentirent que pour lutter avec quelque chance de succès contre la mère patrie, il importait qu'elles fussent unies, car, isolées, elles ne manqueraient pas de succomber. Une première convention nationale les réunit, en 1787, à Philadelphie. On y élabora la Constitution qui, ratifiée l'année suivante par les nouveaux États, fut promulguée en 1789, et devint la loi fondamentale de l'État central.

Washington, Franklin et les autres hommes d'État qui collaborèrent à cette œuvre, durent veiller, tout en sauvegardant autant que possible les droits des différents États, à ce que le nouvel édifice politique fût doté des attributs nécessaires à sa qualité souveraine. La Constitution ne pouvait être, dès lors, qu'un « instrument of compromises ». D'autres difficultés vinrent compliquer la tâche. Il fallut démêler, choisir parmi un fatras de vieilles traditions, et les adapter ensuite aux principes nouveaux fraîchement éclos des imaginations patriotiques. Dans ces circonstances, il devait être fort malaisé de créer un organisme harmonieux, et cela d'autant plus que le premier modèle à la disposition des délégués était la Constitution britannique, et celle-ci ne pouvait qu'imparfaitement répondre au but proposé, formée comme elle l'était pour satisfaire à des besoins qui avaient surgi au cours des siècles, et contenant mainte disposition aussi inutile qu'inapplicable à un nouvel État. Cependant on ne saurait nier son influence sur la charte américaine. Il en est résulté quelques conséquences fort importantes, quoique imprévues, dont il sera parlé plus loin (1).

Comme autre source où puiser, la Constituante avait encore la loi coutumière d'Angleterre, qui est devenue la base de la jurisprudence d'outre-mer, et les constitutions diverses accordées

---

(1) La ratification de la Constitution ne fut pas chose facile ; plusieurs États voyaient en elle de graves entraves à leurs libertés, et ce ne fut, en définitive, que la crainte d'une intervention armée de l'Angleterre et de l'Espagne, dont les territoires touchaient à celui des colonies révoltées, qui permit de mener l'œuvre à bonne fin.

jadis par la couronne aux ci-devant colonies. Les chartes furent maintenues partiellement sous le régime indépendant. Un autre élément, français, celui-là, eut son contre-coup sur les décisions de la convention nationale : *L'Esprit des lois*, le célèbre ouvrage de Montesquieu, qui, paru quelques années auparavant, avait fait sensation parmi les intelligences éclairées de l'époque. La part d'influence qu'exerça cette œuvre du génie français sur les premiers hommes d'État de l'Amérique, paraît avoir été fort considérable. C'était autant par sympathie de la jeune république pour le vent de libéralisme qui soufflait alors en France, que par un antagonisme commun les unissant contre l'Angleterre. De plus, c'était sous de certaines réserves, le modèle qui leur manquait, modèle d'une Constitution idéale et théorique que les hommes de Philadelphie retrouvaient dans *l'Esprit des lois*. Aussi y ont-ils largement puisé et, en dehors des principes généraux de démocratie que la Constitution américaine s'assimila, c'est, en définitive, le groupement des pouvoirs préconisé par Montesquieu qui est devenu le cadre de la nouvelle charte. Si donc l'élément anglais est entré pour une grande part dans l'œuvre de

Philadelphie, en vertu des traditions pratiques, l'élément français du dix-huitième siècle a, en quelque sorte, fourni les pierres angulaires du nouvel édifice.

La Constitution stipule nettement les compétences du gouvernement fédéral. Ce sont la guerre, le commerce, la justice, les monnaies, les traités, les patentes, les postes et, enfin, les finances se rapportant à ces divers domaines. Puis, dans une catégorie spéciale, la juridiction contentieuse entre les cours des États et les cours fédérales.

La législation de l'Union, le Congrès, se compose d'un Sénat et d'une Chambre de représentants. Le pouvoir public a pour chef son Président qui se trouve ainsi être le premier magistrat du pays.

La Présidence. — La présidence des États-Unis a droit à une mention toute particulière à titre d'institution éminemment caractéristique. Le chef de l'État est élu pour un terme de quatre ans, par un suffrage à double degré dont les électeurs sont choisis par le peuple. Chaque État a le droit d'envoyer à l'Assemblée élective le même nombre d'électeurs que celui de ses sénateurs et représentants siégeant au Congrès.

Ces électeurs, cependant, ne peuvent être membres du Congrès. Pour l'élection du président, la majorité absolue est nécessaire. Si elle n'a pu être atteinte, le droit d'élection échoit alors à la Chambre des représentants, qui est tenue d'élire un des trois candidats ayant obtenu le plus grand nombre de suffrages. Aucune qualification spéciale n'est requise pour occuper le fauteuil présidentiel, hormis celle d'être Américain de naissance, « american born ».

Rien non plus ne limite la réélection; néanmoins, le premier président des États-Unis, Washington, ayant refusé, par scrupules constitutionnels, d'être réélu pour une troisième période, son exemple a toujours été suivi, et la présidence n'a jamais été conférée au même homme pendant plus de huit ans. Cette coutume peut donc être considérée comme ayant force de loi. Enfin, le président ne peut être condamné pour abus de pouvoir que par le Sénat constitué en Haute-Cour. La seule peine qui puisse être prononcée est la destitution. Ce cas ne s'est d'ailleurs présenté qu'une seule fois, et l'inculpé fut acquitté, la majorité obligatoire des deux tiers des voix n'ayant pu être obtenue. En pareille occurrence, ainsi qu'en cas de décès du chef de l'État, la présidence échoit sans vote, *ipso jure,* au Vice-président de la République, fonctionnaire dont l'élection coïncide avec celle du Président, et qui, en temps ordinaire, préside le Sénat.

Comme chef du gouvernement ou de l'administration, ainsi qu'il se nomme aux États-Unis, sans doute sous l'influence durable de la doctrine de Montesquieu, le Président est nanti de divers pouvoirs souverains qui lui permettent d'exécuter la volonté nationale. C'est à lui qu'incombe, sous ratification par le Sénat, la conclusion des traités, la nomination des ministres, des représentants diplomatiques et consulaires, et de certains fonctionnaires fédéraux (ceux-ci, cependant, pour la plupart, sont nommés par lui seul). Enfin, il a le droit de grâce pour tous les délits et crimes du ressort fédéral. En temps de guerre, le président devient, de droit, commandant en chef des armées de terre et de mer, et il a la faculté de disposer, à son gré, des milices des États de l'Union. En outre, il peut convoquer les Chambres en sessions extraordinaires, s'il juge cette mesure opportune; enfin, le droit de *veto,* qui lui appartient de par la Constitution, mais qui peut cependant être infirmé par le vote des deux tiers du Congrès, assure souvent à la présidence une influence prépondérante sur les délibérations du corps législatif.

Les ministres ou secrétaires d'État sont nommés par le président, d'accord avec le Sénat, mais il peut les destituer de plein gré, quand bon lui semble. Ils ne sont responsables qu'envers lui et non envers le Congrès, où ils ne peuvent même pas siéger. Ce sont : le secrétaire d'État général à qui revient la direction des affaires étrangères, les secrétaires d'État de la Trésorerie, de la Guerre, de la Marine, de l'Agriculture, de l'Intérieur, le procureur de la République *(attorney general)* et le *Post master* général (1).

Ces titres désignent suffisamment les fonctions des titulaires pour rendre toute explication superflue. Tout au plus est-il à remarquer, que la désignation de « l'Intérieur » ne se rapporte pas à l'administration interne, qui relève exclusivement de la compétence des divers États, mais seulement à la direction de quelques affaires communes, d'une nature spéciale : les biens publics, les territoires indiens, les patentes

----

(1) Tout dernièrement un Département spécial a été créé pour les questions commerciales et ouvrières.

et les pensions. Quant à l'attorney général, il cumule les fonctions de procureur avec celles de ministre de la Justice fédérale.

Les dispositions de la Constitution, relatives au mode d'élection et aux droits du Président de la République rèvèlent bien la préoccupation qu'eurent les constituants de ne pas laisser les pouvoirs publics tomber entre les mains d'un seul homme ou d'une seule Assemblée. Presque uniques dans l'histoire constitutionnelle du monde, elles ont eu quelques conséquences imprévues.

Les nouveaux républicains cherchèrent tout d'abord des garanties pour empêcher le pouvoir du président de dégénérer en tyrannie. On limita à un terme assez court la durée de ses fonctions, et l'on exigea la ratification du Sénat pour diverses nominations présidentielles. On accorda au président un droit de *veto*, mais le droit n'était que conditionnel.

Afin que le Président, destiné à représenter la volonté du peuple souverain, fût vraiment l'élu de la nation, celle-ci devait, en entier, participer à son élection ; mais, d'autre part, les constituants eurent la rare sagesse d'introduire le vote à double suffrage, qui mettait ainsi le choix du premier fonctionnaire à l'abri des influences tapageuses ou des caprices passagers de la foule. Mais ici surgit dans l'esprit des législateurs de Philadelphie, la crainte que le nouveau gouvernement républicain ne fût pas de force à imposer le respect; or, pour arriver à ce but, il fallait tendre à rendre le Président indépendant de la nation comme du corps législatif. Les constituants n'avaient comme type de chef d'État, pouvant leur convenir, que deux modèles : le roi constitutionnel d'Angleterre, et les gouverneurs des colonies. Ni l'un ni l'autre ne pouvaient entièrement répondre à leurs besoins. En Angleterre, c'était le parlement qui depuis longtemps exerçait la souveraineté de fait, le roi n'en possédant que les emblèmes extérieurs. Les gouverneurs des colonies avaient fait preuve de faiblesse que l'on ne voulait point imiter. Dans les deux cas, la présidence serait devenue une simple sinécure, le pouvoir effectif restant aux mains du Congrès.

La Constituante décida que le président serait revêtu de droits quasi-souverains et, qu'en même temps, il jouirait d'une indépendance entière envers le corps législatif, qui, à l'encontre du parlement britannique, ne pouvait formuler les

désirs suprêmes du peuple souverain, mais constituait avant tout l'autre balance dans l'équilibre des pouvoirs publics. C'est ainsi qu'il fut
stipulé que les électeurs du président ne pourraient, en aucun cas, être membres des Chambres fédérales, auxquelles le chef de l'Union ne
devait être redevable d'aucune obligation. Il
arrive assez fréquemment qu'il est d'un parti
politique différent de l'une ou même des deux
Chambres de son parlement.

Ces diverses dispositions n'ont pas toujours eu,
dans la pratique, les conséquences que les constituants pouvaient prévoir. Le président, indépendant dans ses rapports vis-à-vis du Congrès,
ne le fut pas dans ses rapports envers la nation
en général. On ne pouvait prévoir le rôle omnipotent que les grands partis allaient jouer dans
la vie politique de l'Union. Aujourd'hui, le choix
du président étant le sujet principal de chaque
programme de parti, l'élection des électeurs
prime tout; ceux-ci ayant les mains liées par
les instructions reçues, n'ont plus qu'à donner
leur vote au candidat désigné longtemps d'avance
par le parti. C'est ainsi que, virtuellement, le président des États-Unis est élu par plébiscite.
L'influence des différents États de l'Union se

manifeste aussi dans les élections présidentielles. En effet, chaque État choisit ses électeurs et une seule et même liste est présentée par un parti; aussi, lors du premier suffrage dans un État donné, les milliers de voix appuyant la liste de la minorité demeurent sans effet. Il peut même arriver que le candidat élu à la présidence n'ait qu'une minorité absolue de vote au premier scrutin dans l'Union entière. Le président est donc aujourd'hui éminemment homme de parti.

Quand c'est un homme énergique qui l'exerce, le droit de *veto* présidentiel peut devenir entre ses mains une véritable puissance; et, d'ailleurs, le peuple américain, épris d'énergie, n'attend pas moins de son premier magistrat. Autant le roi constitutionnel est tenu, a dit un homme d'État d'outre-mer, de donner son assentiment à un projet de loi qui a été voté par le parlement, même dans le cas où sa conviction estime cette mesure pernicieuse, autant le président des États-Unis doit-il, dans un cas analogue, pour rester dans son rôle constitutionnel, le refuser aussi longtemps qu'il en a la faculté. Le pouvoir du président devient parfois presque dictatorial quand, dans le cas d'une guerre heureuse, il est,

de fait, souverain absolu, au moins provisoire-
ment, de tout territoire que la fortune des armes
pourrait faire tomber en partage aux États-Unis.

Parmi les défauts de cette institution, il faut
mentionner tout d'abord le temps et l'énergie
perdus à l'occasion de la campagne électorale et
la corruption à laquelle elle donne lieu tous les
quatre ans. — De plus, la rotation très fréquente
des différents partis au pouvoir engendre un
manque de suite dans la gestion des affaires publiques qui présenterait de très graves inconvénients, si l'Amérique n'était placée à cet égard,
par sa situation géographique, dans une position
privilégiée. Enfin, le cabinet ne siégeant pas au
Congrès, les rapports entre la présidence et les
deux Chambres ne peuvent se faire que par
« messages » écrits, ce qui entraîne la lenteur
et des difficultés multiples. Si la présidence
échappe à toute ingérence des Chambres, de
même le président n'exerce aucune influence
directe sur le Congrès; il ne peut que lui com-
muniquer ses vues, aucun projet de loi ne pouvant émaner du gouvernement.

Cependant, à tout prendre, l'institution de la
présidence a été une des plus heureuses de la
grande république. Plus d'un siècle de vicissi-

tudes le démontre éloquemment. Dans mainte circonstance, les pouvoirs étendus du président se sont manifestés d'une manière utile pour le bien public; d'ailleurs, le fait que les trois grands facteurs de l'organisme national sont choisis à des époques différentes, donne au peuple la faculté de reconnaître ou de condamner la politique de son président, soit en élisant des Chambres qui lui sont favorables, soit en choisissant des représentants dans le parti opposé, qui ne manqueront pas alors de contrecarrer ses projets en lui refusant les subsides nécessaires.

Si, dans la pratique, la présidence n'a pas toujours répondu aux espérances qu'avaient fondé sur elle, dans leur simplicité républicaine, les membres de la Convention de 1789; si maintes conséquences se sont produites par lesquelles la séparation rigide des pouvoirs, ardemment préconisée, a été rendue illusoire, et si les attributions du chef de l'État semblent dépasser parfois les limites de la Constitution, il ne faut pas perdre de vue les difficultés que comportait l'institution d'un pouvoir présidentiel stable dans une république nouvelle, dont le développement ne tarda pas à prendre un essor considérable.

Le Sénat. — Le Sénat représente, dans le corps législatif, l'intérêt des différents États, dont chacun lui envoie deux représentants. Actuellement, il compte donc quatre-vingt-dix membres. Les sénateurs sont élus par les assemblées législatives pour une période de six années ; le Sénat est renouvelé par tiers tous les deux ans. Pour pouvoir être élu, il faut avoir trente ans et être citoyen américain depuis neuf ans.

Les fonctions du Sénat sont législatives ; néanmoins la Constitution a fait ici une réserve bien démocratique, en exceptant des lois qui peuvent être formulées au sein de cette assemblée toutes les demandes de subsides, celles-ci devant dériver de la Chambre des représentants. Le Sénat a encore des compétences de nature exécutive et judiciaire ; il exerce le pouvoir soit conjointement avec le président, soit en siégeant en Haute Cour de justice.

Le Sénat américain semble avoir été, lors de sa création par les constituants, une institution à peu près originale. Depuis, celle-ci fut copiée par divers pays au point qu'il n'est pas nécessaire de s'arrêter davantage à l'étude de son organisme. Placé entre la présidence et la Chambre populaire, le Sénat devait, dans la pensée des auteurs de la Constitution, représenter l'élément stable et conservateur des pouvoirs publics. On espérait sans doute trouver dans les qualifications et le mode d'élection des sénateurs, une garantie de sagesse politique, qui ferait réellement des membres de la Chambre haute les représentants de l'élite de la nation. Mais, par suite de l'énorme extension des affaires et du rôle qu'elles jouèrent dans les destinées du pays, le Sénat est devenu la seule assemblée politique des États-Unis dont l'entrée soit briguée par les détenteurs des grandes fortunes. Il est aujourd'hui l'organe de la ploutocratie, résultat inattendu quoique logique, puisque, en somme, la clique des millionnaires constitue l'aristocratie du pays. En en devenant la représentation attitrée — malgré certains républicains purs, qui voudraient voir, dans cette chambre, une copie de l'ancienne assemblée romaine — le Sénat américain est resté dans son rôle d'élément stable. Par son esprit de modération, il a d'ailleurs exercé une heureuse influence sur la marche des affaires publiques (1).

(1) Le Sénat actuellement en fonctions compte quatre propriétaires de mine, cinq banquiers, trois grands négociants, un grand industriel, deux directeurs de chemin de fer, un direc-

Chambre des représentants. — La Chambre des représentants compte actuellement trois cent cinquante-six membres, élus pour un terme de deux ans par vote général et direct. Il faut être âgé de vingt-cinq ans et citoyen depuis sept ans pour y entrer.

De même que la présidence, cette Assemblée est l'expression de la voix populaire, de la volonté nationale. Mais, et c'est là un point essentiel, ces suffrages ont lieu à des époques différentes. Conformément à ce but, les élections se font par suffrage universel. La Constitution se borne à stipuler, dans un célèbre amendement, que ni la couleur, ni la servitude antérieure ne pourront constituer un obstacle à l'exercice du droit électoral. Le vote ayant lieu séparément pour chaque État, la loi fédérale laisse à ceux-ci le soin et le droit de fixer les limites de la qualification électorale. C'est ainsi que certains États refusent le droit de vote aux anciens criminels, aux indigents et aux illettrés, Quelques États l'accordent aussi aux femmes.

tur d'autre compagnie, six grands propriétaires fonciers, un journaliste, un littérateur, neuf fonctionnaires d'État, quatre capitalistes divers et cinquante et un avocats.

Par contre, deux cent trente-neuf des membres de la Chambre des représentants appartiennent au barreau.

Les attributions spéciales de l'assemblée populaire sont, comme il ressort de ce qui a été dit, le droit exclusif d'introduire des projets de loi relatifs aux subsides publics, d'ordonner, le cas échéant, la mise en accusation du président et l'élection de ce magistrat, quand la majorité requise n'a pu être atteinte par la voie régulière. Autrement, ainsi que pour le Sénat, rien dans l'organisation ou dans le fonctionnement de la Chambre des représentants ne mériterait une mention spéciale, si ce n'était que par l'absence d'un Cabinet dans son sein, elle diffère de toutes les Chambres basses de l'Europe. Au Sénat, où, comme partout ailleurs, la vie publique est moins intense, la marche des affaires n'a pas été sensiblement altérée par cette circonstance; mais cette dernière a agi de telle sorte dans la Chambre des députés que si l'on peut trouver encore dans son organisation certains vestiges de son origine britannique, son fonctionnement n'offre plus aujourd'hui la moindre analogie avec le parlement de la Grande-Bretagne.

C'est tout d'abord dans l'institution du *Speaker* que se révèle la différence. Président de la Chambre à Washington comme à Londres, l'usage qu'il fait de ces fonctions est tout autre dans chacun des deux parlements. Tandis que le devoir du Speaker britannique consiste à rester impartial vis-à-vis des divers partis, le Speaker américain, président d'une assemblée où le gouvernement n'est pas représenté, n'a pas tardé d'user de sa haute position pour s'y substituer. La coutume a consacré ce procédé et aujourd'hui l'on ne s'étonne plus de voir le président de la Chambre user de toute son influence pour des intérêts de parti. Le président et le Congrès appartenant parfois à des partis différents, le Speaker usant de l'ascendant direct que la Constitution refuse au Président et à son Cabinet, peut, en s'arrogeant les attributs, d'un premier ministre exercer une forte pression sur les délibérations de la Chambre. On peut dire, avec raison, qu'après le président il est le fonctionnaire le plus important de la République.

Mais la similitude va plus loin encore. Le Speaker nommant les présidents des comités parlementaires chargés de l'élaboration des affaires, il se trouve de fait entouré d'un cabinet *sui generis* et constitutionnel. Les présidents de comités ayant, tel un ministre, chacun son ressort spécial, prennent la parole pour défendre leurs projets. Grand avantage pour le président de la République et son vrai cabinet, si le peuple a appelé au pouvoir une chambre de même couleur politique, d'être ainsi appuyé tout en étant à l'abri des attaques; désavantage sérieux, si après un revirement de la volonté nationale, il est attaqué de toutes parts sans pouvoir se défendre.

Dans la pratique, ces comités ont revêtu la Chambre des représentants d'attributs exécutifs. Le Sénat et la présidence cumulant déjà certains attributs des deux pouvoirs publics, on a le spectacle d'un engrenage des plus curieux et des plus compliqués des divers rouages de la machine gouvernementale.

Relations des pouvoirs publics entre eux. — Trop souvent, au manque de relations officielles entre la présidence et le Congrès, viennent se substituer des relations illicites et secrètes. En cas de conflit, il faut en appeler à la Cour qui peut décréter la mise en accusation d'un président refusant de sanctionner une loi ayant obtenu le vote réglementaire. De fait, on a rarement recours à un moyen aussi intransigeant; ce qui, dans la vie pratique, gêne le plus le

Congrès, c'est que le président seul peut destituer ses fonctionnaires ; le Congrès peut censurer à sa guise les ministres, il ne peut jamais s'en défaire.

Les conflits des deux Chambres du parlement entre elles sont assez fréquents, mais ils ne sauraient être durables puisque les assemblées ne peuvent manœuvrer séparément.

La juridiction fédérale. — La juridiction fédérale est le dernier élément de l'organisme national. La Cour suprême fédérale juge en appel et en dernière instance ; ses décisions ont force de loi.

Considérations générales. — La Constitution dont les grandes lignes viennent d'être esquissées n'est pas, comme de nombreux documents de cette espèce, une loi rigide, non susceptible de variations. Ses dispositions peuvent être modifiées par amendement, par l'interprétation que leur donne la Cour suprême ou même simplement par la coutume. Cette élasticité a un avantage inestimable dans un pays, où les conditions de vie varient elles-mêmes si rapidement. D'autre part, le manque d'unité et les pouvoirs tronqués de l'édifice public peuvent l'empêcher en temps de crise d'agir avec la rapidité voulue.

Cependant si la célèbre charte n'a pas répondu à tous égards aux espérances qui avaient été fondées sur elle, elle a réussi à donner à la vie publique d'un nouvel État, ce qui devait paraître douteux même au plus optimiste de ses auteurs, une base solide et stable, sur laquelle elle a pu se développer sans de trop violentes secousses, malgré la poussée d'expansion formidable, qui agita la nation pendant plus d'un siècle. Les constituants s'étaient posés comme tâche en se réunissant à Philadelphie, de sauvegarder l'indépendance des différents pouvoirs, la sécurité de l'individu et la liberté du peuple. Ils firent preuve d'une rare sagesse en gardant ce qu'il y avait de meilleur dans les institutions britanniques. Pour être durable, toute institution humaine doit avoir ses racines dans le passé, et mainte crise eût été épargnée dans l'histoire si cette vérité avait toujours été reconnue. Les auteurs de la Constitution ne se laissèrent pas aveugler un instant par leur rancune envers la mère patrie, si justifiée qu'elle fût. En inscrivant les volontés de la nouvelle nation, ils ne cherchèrent pas à briser les liens moraux qui la rattachaient à un passé d'oppression. Ils créèrent une Constitution qui, comme le dit si bien

M. Bryce, « faite pour une nouvelle république, conservait ce qu'il y avait de meilleur dans les lois et les coutumes de l'ancienne monarchie. » C'est à cette circonstance qu'est redevable plus qu'on ne le croit généralement le succès de ces premières institutions républicaines. On devra donc reconnaître que les membres de la Convention de Philadelphie ont bien mérité de la patrie.

LES ÉTATS ET LES VILLES

Dans le domaine très étendu réservé aux législations des États, ceux-ci ont une liberté d'action entière, en tant que leurs dispositions ne portent pas préjudice aux intérêts nationaux ou ne s'attaquent pas à des principes de morale reconnue (1). L'organisation politique des États est calquée sur le type fédéral. L'État a sa représentation composée d'un Sénat et d'une Chambre des députés comme le Congrès. L'ancien gouverneur a été maintenu comme premier magistrat et ses attributs ressemblent beaucoup

(1) Ainsi l'Union refusa de reconnaître l'Utah comme État aussi longtemps que les Mormons ne renoncèrent pas, nominalement du moins, à la polygamie.

à ceux du président. Ce poste est, d'ailleurs, rarement brigué par les meilleurs éléments. Les différentes constitutions d'État se ressemblent beaucoup et la vie politique s'y inspire des principes connus du *self government* britannique.

Les quelques territoires de l'Union, qui n'ont pas encore été reçus comme États, possèdent eux aussi leurs constitutions différentes. C'est même la seule représentation qu'ils possèdent, n'ayant pas la faculté d'envoyer des délégués au Congrès de Washington.

Les villes, dont l'importance va toujours croissant, grâce à l'affluence de la population vers les grands centres, jouissent, elles aussi, d'un *self government* étendu, quoiqu'elles restent nécessairement toujours dans la dépendance de l'État spécial dont elles font partie. Elles ont un maire dont les attributions sont plus étendues qu'en Angleterre et une représentation municipale d'une ou de deux chambres.

LES PARTIS

Pour se faire une idée des deux grands partis, démocratique et républicain, qui se disputent aujourd'hui la puissance dans toutes les grandes affaires politiques du pays, il faut se les représenter, ainsi qu'il a été dit plus haut, comme deux immenses cadres, dans lesquels aucun principe politique spécial n'occupe une place unique, mais où tout intérêt politique réel peut se faire représenter, grâce à la rotation très fréquente au pouvoir, et trouver l'occasion de se faire agréer par la majorité. Il ne pourrait en être autrement dans un pays de cette étendue et comprenant des régions dont les intérêts sont si différents; quelle communauté de vues peuvent avoir, s'ils ne sont pas liés par quelque entreprise industrielle ou commerciale, l'habitant de San-Francisco et celui de Tampa, le propriétaire de mines que la fortune facile a formé à la spéculation et le puritain conservateur qu'est le *farmer* de la Nouvelle-Angleterre? Aussi serait-il erroné de voir dans les dénominations de « démocrate » et de « républicain » un attachement suivi à une ligne de politique générale. Ces termes ont été si souvent changés dans l'espace d'un siècle, qu'un des deux partis a fini même par prendre le nom du parti opposé, et tandis que des « fédéralistes » de jadis sont issus les républicains d'aujourd'hui, les démocrates actuels s'intitulaient à l'origine les « républicains ». Si cependant la vie politique d'aujourd'hui manque de principes dirigeants absolus, il n'en fut pas toujours ainsi. Dans les anciens temps, alors que la vie était plus simple et le territoire moins étendu, les principes généraux étaient fort capables d'émouvoir les assemblées nationales et de provoquer des divisions rien moins que factices. C'est ainsi qu'au début, les fédéralistes voulaient conserver un certain lien moral avec l'Angleterre, tandis que les républicains d'alors vouaient toutes leurs sympathies à la France. Si le premier de ces partis, plutôt conservateur, était l'apôtre de l'ordre, le second préconisait avant tout la liberté. La Constitution reflète plus d'une de ces divergences d'opinion. Plus tard, ce furent l'esclavage, les intérêts fédéraux et ceux des États qui divisèrent l'opinion publique. Mais depuis la fin de la guerre de Sécession, ce sont des questions d'ordres divers qui viennent, suivant l'occasion, prendre place dans l'un ou l'autre des deux cadres nationaux, plus rarement dans les deux à la fois. Telles sont les questions de l'impérialisme, du protectionnisme, du libre-échange et de l'étalon. Celle-ci recrutait encore récemment des adeptes au sein des deux partis américains.

En dehors de ces questions d'intérêt national, il y en a d'autres de moindre importance, qui elles aussi, ont effectué au sein des grands partis, des groupements politiques. C'est ainsi qu'il existe aujourd'hui un « parti du travail » dont le programme comprend l'introduction de l'impôt progressif et le rachat, par l'État, des chemins de fer et des télégraphes. Le parti prohibition-niste demande l'interdiction absolue de la vente des boissons alcooliques, et se range au Nord parmi les républicains, et dans le Sud parmi les démocrates. Le parti populiste cherche, par la réduction des impôts immobiliers, à améliorer le sort du peuple. Le parti féministe revendique pour la femme les droits politiques; les « mug-wumps » enfin, que l'on pourrait appeler les intègres, puisqu'ils ont proclamé l'assainisse-ment des mœurs politiques sur leur bannière, préconisent l'institution d'un service de fonc-tionnaires régulier et digne de sa mission et se recrutent le plus souvent dans les États de la Nouvelle-Angleterre. Aujourd'hui la politique extérieure dite impérialiste est défendue par le parti républicain, qui a également inscrit le protectionnisme douanier dans son programme.

Les démocrates sont donc généralement anti-impérialistes et « freetradlers ». Les « mugwumps » se rattachent au parti républicain. Enfin, ces derniers temps, les « trusts » sont devenus une des premières questions de parti. Des intérêts d'une importance encore plus locale ont aussi fait naître des partis politiques, tels les « antimongoliens» de la Californie, qui, tout en n'exerçant leur influence que dans un domaine restreint, ont cependant pu agir parfois sur les décisions du Congrès.

Les questions de race entrent, elles aussi, pour beaucoup, dans la constitution des partis américains. Ainsi les Allemands sont généralement républicains (1) et les Irlandais, démocrates. Ces derniers, arrivés de bonne heure dans le pays, alors que le parti démocratique représentait les tendances anti-anglaises, en ont épousé le programme. Depuis, d'autres colons de religion catholique, tels les Canadiens français, ont suivi leur exemple. Les nègres sont presque

(1) Il en est cependant un grand nombre, et notamment dans les grandes villes où l'interdiction absolue des boissons alcooliques est préconisée par ce parti, qui en ont renié les principes, incompatibles avec leurs habitudes de vie.

tous républicains, par reconnaissance pour le parti auquel ils doivent leur affranchissement.

Ces considérations ont parfois des conséquences imprévues et d'une certaine portée pour l'organisation du parti entier. Ainsi les Irlandais peuvent très bien exercer une influence directe sur tout le parti démocratique, dont les ont rapprochés leur foi catholique et leur haine de l'Angleterre; mais cependant l'opinion publique ne voudrait jamais d'un parti ouvertement anti-protestant, ou même anti-anglais, qui ne semblerait plus être un parti national. D'autre part, les mœurs politiques d'un parti peuvent certainement affecter la réputation de l'élément qui lui envoie des adeptes; l'administration si corrompue des grandes villes de l'Est étant généralement entre les mains du parti démocratique, il s'ensuit que les Irlandais de l'Union ont, pour la plupart, une mauvaise réputation au point de vue politique.

L'OPINION PUBLIQUE

Dans aucun pays du monde, l'ancien proverbe : *Vox populi, vox Dei,* n'est aussi vrai qu'aux États-Unis. L'opinion publique, plus forte et plus répandue encore qu'en Angleterre, représente la vraie volonté nationale à laquelle toute puissance, toute assemblée, tout particulier est obligé de se soumettre.

Elle émane de l'âme du peuple même et personnifie le contrôle suprême des hommes et des partis. Même le président, investi de pouvoirs parfois souverains, est forcé de courber la tête devant cette autorité toute-puissante. Les idées qui deviennent « l'opinion publique » sont généralement, comme le fait remarquer M. Bryce, le produit de quelques cerveaux humains ; mais ces derniers ont saisi la volonté des foules et l'ont, en quelque sorte, codifiée en lois inexorables qui deviennent la propriété des masses. Celles-ci alors ne se laissent plus guider par les hommes politiques, qui, pour la plupart peu cultivés, ne sauraient aspirer à jouer dans ce pays où l'instruction est si répandue, le rôle qui revient en Europe à l'homme d'État éminent. De même, l'opinion publique, une fois établie, ne connaît plus guère d'esprit de caste, et, seules des considérations d'un ordre plus élevé pourront la modifier.

Comme il a été dit à propos des partis, tout

intérêt réel pourra, à un moment donné, influencer, voire même créer une « opinion publique ».
Le sexe féminin a ici l'occasion de faire prévaloir son influence adoucissante; il en a usé largement et avec succès à différentes reprises.

Cette opinion publique se répand de plusieurs manières. Les nombreux cercles et associations du pays, les conférences publiques sont un moyen propice pour atteindre ce but, mais naturellement, aux États-Unis plus encore qu'ailleurs, elle se rattache à la presse. C'est souvent un article compétent qui la crée, ce sont toujours les journaux qui la répandent. Les États-Unis en comptent plus de vingt mille qui paraissent tous les jours. Il en est de premier ordre, tels que le *Sun*, la *Tribune* et le *New-York Times*. Le lecteur européen trouvera que les journaux américains sont trop souvent empreints d'une certaine banalité, mais il ne faut pas oublier que la presse, étant aux États-Unis bien plus répandue qu'ailleurs parmi les masses affairées, n'a guère la faculté de briller par des côtés littéraires et scientifiques, mais doit se mettre au niveau de tous. Les « lettres au rédacteur » et les innombrables comptes rendus d'interviews, si souvent empreints d'un *humour* tout à fait typique, constituent fréquemment un moyen efficace de former ou d'éclairer l'opinion publique (il est à noter que, sur ce point, la presse anglaise tend aujourd'hui à s'américaniser). Les plumes les plus compétentes et les plus autorisées discutent souvent ouvertement et sans parti pris, dans les grandes revues telles que le *Forum*, le *North American Review*, *Harpers*, etc., les graves questions touchant l'avenir de la nation. Ces revues jouent ainsi un rôle de premier ordre dans la formation de l'opinion publique.

Comme l'on peut s'y attendre chez un peuple sain par excellence, l'opinion publique de même est en général saine et juste. Ses manifestations péremptoires ont maintes fois arrêté la mise à exécution d'une mesure qui eût été néfaste à la République. Elle est cependant souvent momentanément exploitée au moyen de journaux peu scrupuleux, par des politiciens de profession; mais l'expérience a prouvé que ces manœuvres détestables n'ont qu'un effet temporaire et que le baromètre populaire ne tarde pas à remonter au degré que lui assignent le bon sens et la vertu. Dans des cas exceptionnels, lorsque la voix du peuple paraît s'égarer trop

longtemps, c'est au président d'intervenir, comme
le fit Lincoln lors de la guerre de Sécession et, en
assumant une noble responsabilité, de préserver
la foule des errements qu'elle déplorerait le lendemain.

La guerre récente avec l'Espagne peut donner un exemple assez caractéristique de la
manière dont naît, s'agite et se propage en se
modifiant, l'opinion publique aux États-Unis.
Les intérêts financiers d'une clique de capitalistes américains étaient, d'ancienne date, en jeu
à Cuba, et rendaient désirable un contrôle plus
efficace de cette île. D'autre part, un sentiment
très sincère de haine et de dégoût s'était élevé
dans la nation américaine tout entière à la vue
de la tyrannie imposée aux Cubains. Des finan-
ciers-politiciens, dans le but de pousser la haine
nationale à son paroxysme et de mettre la main
sur la Perle des Antilles, exploitèrent continuellement l'opinion publique, déjà hostile à l'Espagne. Cependant, ceci soit dit à la louange de
l'esprit d'équité du peuple américain, ce jeu qui
durait déjà depuis de longues années, ne réussit que le jour, où par un événement fâcheux, —
l'explosion d'un vaisseau de guerre, — la soif
d'une vengeance sanglante fut entrée dans les

cœurs et les âmes. Dès lors, bonne ou mauvaise, l'opinion publique était formée. C'était la guerre. Il ne restait qu'à la déclarer officiellement, ce que fit le défunt président, Mac-Kinley, qui possédait d'ailleurs supérieurement le don de reconnaître la volonté de la nation et de s'en faire l'interprète autorisé.

La victoire fit naître dans les âmes une ambition immodérée. Poussés par des influences diverses, peut-être en partie anglaises, les grands journaux de l'Union menèrent, pendant des semaines, une campagne effrénée, dans le but d'obtenir l'annexion des Philippines, et préconisèrent, en flattant odieusement les foules, une attitude arrogante vis-à-vis des autres grandes puissances, risquant ainsi de pousser les États-Unis à un conflit avec les plus fortes armées du monde. Le président suivit l'opinion publique. Les Philippines qui devaient coûter encore à la République tant de vies et tant d'argent lui furent cédées. On n'entendit plus parler que d'impérialisme, et vanter, sans restriction, les forces combatives d'un pays qui ne possédait que depuis peu une marine convenable et manquait totalement d'une armée régulière. Cependant, après quelques mois, la voix claire et juste de la Nouvelle-Angleterre se fit entendre, et rappela à des traditions plus dignes, ces hommes que la victoire remportée sur un adversaire infime avait un instant égarés. Un revirement se produisit dans l'opinion publique. Si le sentiment de sa force, qui a été révélé à l'Américain par cette victoire, lui est resté, le mouvement « jingoïste » et agressif, l'effervescence sans fondement et sans force a disparu. L'impérialisme a subsisté, car il manifeste la volonté d'un peuple puissant de participer désormais aux grandes affaires du monde.

MŒURS POLITIQUES

On pourrait supposer qu'avec des éléments, à tout prendre, si propices à un développement normal, une heureuse Constitution, des partis où chaque intérêt légitime peut trouver un appui, et une opinion publique imprégnée en général de bon sens et d'équité, la vie politique des États-Unis présenterait tous les caractères d'une saine activité. Tel n'est cependant pas toujours le cas, et l'on devra se ranger à l'opinion de M. Bryce, qui remarque très judicieusement qu'aux États-Unis, la politique pratique est d'un niveau très inférieur à l'opinion publique, car cette manière de voir, pour paradoxale qu'elle paraisse, a été largement confirmée par la vie publique d'outre-mer.

La Constitution avait déféré au président la nomination d'un très grand nombre de fonctionnaires publics, ainsi qu'il a été dit plus haut. Or, il était naturel que le premier magistrat de l'État confiât ces emplois à ses partisans politiques. D'ailleurs, la simplicité républicaine des premiers temps écartait les dangers qu'aurait pu provoquer cette circonstance. Mais quand le pays s'étendit et que le nombre des postes dépendant de la présidence, s'accrut considérablement, ce privilège présidentiel devint une redoutable arme de parti et, avec l'esprit de négoce des temps modernes, ne tarda pas à donner à toute l'administration le caractère d'une gigantesque affaire. C'est ainsi que le système dit des « dépouilles » *(spoils-system)* a fini par être érigé en véritable institution d'État. Il consiste à considérer toute élection présidentielle comme une bataille, après laquelle le candidat victorieux abandonne à ses adhérents les dépouilles des vaincus. Loin d'avoir été atténué, ce système n'a fait que gagner en intransigeance ces derniers temps. Tandis qu'il y a quelque dix ans, un revirement politique n'avait pas pour conséquence inéluctable un changement dans tous les postes fédéraux, aujourd'hui, à l'inauguration d'un nouveau régime politique, tous les anciens fonctionnaires, du plus important au plus infime, démissionnent en bloc, et sont remplacés par les hommes du parti politique vainqueur. Ceux-ci, dont les emplois ne sont que d'une durée très incertaine, ne manquent pas d'en profiter pour leurs intérêts matériels. Ce système tend d'ailleurs à abaisser le niveau de culture générale des fonctionnaires, desquels on exigeait jadis des connaissances spéciales, et qui ne sont plus guère doués que des aptitudes commerciales que possèdent aujourd'hui la plupart des citoyens de l'Union.

Mais ce n'est pas tout. Pour donner encore plus de pouvoir au parti républicain qui régnait alors, on a eu recours à la soi-disant « loi des pensions ». Elle donne au président de la République la faculté d'allouer des pensions aux citoyens ayant pris part à la guerre de Sécession, ainsi qu'à leurs veuves, enfants et autres parents; mais par une disposition dont l'équité semble douteuse, il faut que les combattants en question aient appartenu aux armées du Nord. C'est ainsi qu'aujourd'hui près d'un million de pensions sont allouées, qui grèvent le trésor d'une somme égalant à peu près tout le budget militaire de l'empire allemand. Cette institution est éminemment de nature à fournir une arme puissante à la politique du parti. Le choix des pensionnaires dépend du président; or, il est aisé, avec de la bonne volonté, de prouver la parenté de presque n'importe qui avec l'une des personnes ayant participé à une guerre, à laquelle environ un million d'individus avaient pris part. Aussi est-il piquant de remarquer que malgré les vides que la mort fait chaque année dans les rangs des vétérans, le nombre des pensions allouées va encore en grandissant.

Il est naturel qu'à côté d'un pareil système de corruption « officielle », la corruption occulte fleurisse, elle aussi, à un haut degré, aux États-Unis. Les membres du Congrès sont assez souvent disposés à user de leur influence et de leurs votes pour des avantages matériels, et Washington a vu s'établir dans les environs du Capitole toute une pléiade d'agents divers, qui offrent leurs bons offices aux personnes désireuses d'obtenir une faveur de la législation. Il existe une terminologie spéciale pour les différentes espèces d'affaires et les différents courtiers qui s'en chargent. Il faut, d'autre part, reconnaître que les grands magistrats de la République sont généralement au-dessus de tout soupçon ; on ne connaît pas de présidents qui se soient enrichis au pouvoir (1).

On ne saurait en dire autant de l'administration des États et surtout des grandes cités où la corruption a poussé ses fleurs les plus vénéneuses. Les hommes de valeur y font en général totalement défaut, et les fonctions publiques se trouvent abandonnées à la classe peu scrupuleuse des politiciens de profession. Cette classe, constituée par des avocats et autres hommes de loi, mais aussi par foule de gens sans aveu, est certes la moins sympathique de la société américaine. Un manque absolu de formes et

(1) La justice américaine n'est pas aussi défectueuse qu'on se le représente volontiers en Europe. La corruption directe y est assez rare. Par contre, l'institution du jury y paraît, plus encore qu'en Europe, sujette à des influences politiques. En fait de justice pénale, les principes de jurisprudence anglaise dominent ; ainsi, nul ne peut être arrêté sur simple présomption, comme sur le continent européen.

de politesse, des manières vulgaires et une brus-
querie offensante font reconnaître le politicien,
pour lequel l'administration publique est le plus
souvent une affaire par laquelle il veut s'enri-
chir. Il résiste rarement à l'attrait des gains
illicites que lui offre la gérance des deniers
publics. Les assemblées des États et des villes
sont continuellement nanties de ces *private
bills*, visant des intérêts privés, au grand détriment des intérêts publics. Aussi ces assemblées
jouissent-elles d'une bien triste réputation trop
souvent. Au moment des élections, le parti au
pouvoir fait ouvertement circuler des listes de
souscription parmi ses adhérents pour réunir
les sommes nécessaires au triomphe de son
candidat; mais il n'est pas rare que le trésor
public soit mis à réquisition pour contribuer à
ces buts illicites. Dans les grandes villes surtout,
où pullulent les émigrés ignorants, la corruption a pris des proportions indignes de l'esprit
américain. Ainsi, à New-York, sous le régime de
la coterie démocratique intitulée « Tammany
Hall », qui, après avoir été reléguée pendant
quelque temps dans l'impuissance, vient de
regagner, tout récemment, la haute main dans
l'administration de la grande cité, les agents

de police furent chargés de l'achat des voix. On n'a pas craint de révoquer des juges dont le seul tort était d'avoir des convictions politiques qui déplaisaient au parti au pouvoir. Enfin, on s'est livré à un marchandage honteux avec le vice : des criminels furent mis en liberté, afin que le parti pût se prévaloir de leurs votes, et des maisons de jeu ou de tolérance illicites ont pu rouvrir leurs portes après avoir payé leur contribution à la caisse du parti.

On se demande comment le peuple américain peut supporter un pareil régime, et comment cette corruption ouverte peut s'exercer sans avoir sur les mœurs de ce peuple une influence néfaste; comment aussi les États et les villes peuvent augmenter en nombre et en richesses, quand leurs affaires financières sont trop souvent gérées par une bande de voleurs? Tel est cependant le cas, car la prospérité publique est certes plus grande aux États-Unis que partout ailleurs. Pour répondre à ces questions, on fera observer que, tandis que les emplois dans l'administration des États et des villes, ne conférant aucun honneur, sont médiocrement briguées par la classe sociale la plus élevée, tout concourt, aux États-Unis, à enlever tout prestige à la politique intérieure, autant les scrupules démocratiques que les intérêts financiers qui ne permettent guère à la ploutocratie de vouer son temps aux affaires publiques. Les Noirs ont droit de vote, ainsi que les émigrants après quelques années de séjour. Ce ne sont pas des éléments avec lesquels peut vouloir rivaliser le millionnaire d'outre-mer. Aussi, ce dernier a-t-il fini par se désintéresser de la politique active et par l'abandonner aux « politiciens » qui ne sont généralement que ses agents. D'ailleurs, cette combinaison a, pour la ploutocratie qui travaille, de grands avantages. Tout en subissant, comme un impôt, la corruption administrative d'une classe qu'elle méprise, elle l'exploite à des fins intéressées.

Les grands industriels et les marchands eux-mêmes peuvent ainsi, sans tremper directement dans les affaires municipales, et sans perdre leur prestige ni leur temps, rendre les décisions des assemblées publiques complices de leurs intérêts privés. Pour le public, en général, la corruption devient une chose insignifiante, tant elle est répandue; d'ailleurs, le citoyen peu fortuné ne s'en ressent guère. C'est ainsi que les agents occultes de la corruption ont les coudées

franches, mais dans une certaine mesure seulement, car le public d'hommes d'affaires, tant
millionnaires qu'ouvriers, qui forment la population de la grande cité, est, par ses multiples
journaux, fort bien renseigné sur le compte de
l'administration publique. Il a les yeux ouverts
et si parfois il feint de les fermer, c'est qu'il
juge que c'est dans son intérêt. Le gouvernement municipal lui paraît une piètre institution ; mais comme il reconnaît qu'il est nécessaire pour le maintien de l'ordre, la protection
de ses intérêts privés et le développement industriel de la ville ou de la contrée, il permet les
agissements des politiciens dans la mesure qui
lui paraît admettre la réalisation de ces différents buts. Mais là s'arrête la limite de sa tolérance. L'administration cesse-t-elle de pourvoir
aux besoins généraux, devient-elle d'une cupi-
dité qui n'est plus en rapport avec la sécurité
qu'elle assure, fait-elle de l'affaire de quelques-
uns un danger pour tous, aussitôt il s'insurge.
Le parti au pouvoir tombera, et il n'est pas rare
de voir les maîtres d'hier, sous le coup d'une
sentence pénale, échanger leurs somptueuses
demeures contre la prison. C'est la conscience
de ce danger qui empêche la corruption admi-

nistrative de devenir fatale au salut de la libre Amérique.

Diverses mesures ont été proposées pour remédier à ce déplorable état de choses. Il a été question de prolonger la durée des mandats pour les maires et gouverneurs, ainsi que pour d'autres fonctionnaires importants, dans l'espoir de leur inspirer un plus grand souci de la chose publique, et un zèle plus modéré pour leurs intérêts privés. Le mal réside toutefois dans la conception que l'on se fait, en Amérique, des autorités instituées, et tout remède ne sera efficace que le jour où l'administration cessera d'être considérée comme une affaire de mauvais rapport, pour devenir un devoir à l'accomplissement duquel voudront participer les meilleurs citoyens. Ce moment n'est pas encore venu, quoiqu'une lueur d'espoir semble déjà poindre à l'horizon.

En effet, dans les nouvelles acquisitions coloniales de l'Union, le système administratif actuellement en vigueur dans le pays même est une impossibilité. Les populations indolentes de ces colonies tropicales seraient une proie trop facile pour l'âpre politicien yankee. Il ne manquerait pas de s'y développer un régime de tyrannie *sui generis*, auprès duquel les temps les plus durs de

l'occupation espagnole pourraient paraître doux.
Ce qui est encore admissible dans un milieu de
travailleurs éclairés, ne serait plus qu'un système
d'injustice officielle chez des peuples déshabitués
de toute participation à la politique. Le peuple
des États-Unis ne s'accommodera jamais d'une
telle aberration, et tout son passé de gloire et de
dévouement à l'humanité se révolterait à la pensée d'une telle souillure. C'est ce que l'on sent
déjà très bien en Amérique, et l'on travaille pour
parer à cette éventualité, à la création d'un service d'officiers administratifs de carrière. Les
éléments pour cela ne manquent pas, et pour peu
que cette carrière offre des garanties suffisantes
de stabilité, il est à présumer que le gouvernement des colonies aura bientôt à sa disposition
les meilleures forces que possède la patrie. Est-il
déraisonnable d'espérer que ce nouveau courant
poussant de meilleurs éléments dans les voies
administratives amènera, par la suite, ces éléments à s'occuper d'une manière plus directe
des affaires publiques de la patrie elle-même?
D'autre part, les colonies ont été souvent des
pépinières qui fournirent plus tard à leur pays
leurs meilleurs administrateurs et leurs hommes
d'État les plus éminents. L'ancienne Rome et la

Grande-Bretagne d'aujourd'hui en fourniraient maint exemple. Toujours est-il que l'on doit espérer que pareil revirement s'accomplisse, car la Grande République, avec des institutions si glorieuses et une si virile activité, a droit à un meilleur sort. Les abus de l'administration actuelle n'ont pas eu, jusqu'à présent, de conséquences pernicieuses sur le développement du génie national, mais il serait osé de prédire qu'une durée trop longue de ce système immoral ne finisse pas par vicier complètement le civisme américain.

CHAPITRE VII

VIE ÉCONOMIQUE

Une étude approfondie de la vie économique
des États-Unis exigerait des compétences spéciales ; on ne saurait la faire rentrer dans le
cadre d'un seul chapitre, ni même d'un seul
volume. Des ouvrages autorisés et des statistiques
suffisantes existent sur cette matière. Les différentes grandes affaires ne sont d'ailleurs pour le
psychologue que les diverses manifestations du
même génie national, tendant à une production
de richesses plus intense qu'ailleurs, grâce à une
force de travail que l'homme n'a atteint nulle
part. Parmi ces grandes affaires, il en est cependant deux qui méritent d'attirer l'attention,
d'abord parce qu'elles sont entre toutes, les
plus importantes, et ensuite, par l'influence
très grande qu'elles ont exercée et exercent
encore sur la vie politique et les destinées du
peuple américain.

LES CHEMINS DE FER

La première place, par ordre chronologique, revient aux chemins de fer, institution admirable, sans laquelle l'Union n'eût jamais pu tirer un profit constant de ses innombrables richesses. Les voies ferrées qui sillonnent son territoire ont une longueur totale de 318,000 kilomètres, sans compter les voies parallèles : plus d'un cinquième de plus que la longueur de tout le réseau européen. Avec les ponts qui desservent les lignes diverses, on pourrait en construire un qui irait de Liverpool à New-York. Deux millions d'individus, en qualité de directeurs, fonctionnaires, etc., ou simplement d'ouvriers sont en relations directes avec ces institutions, ce qui revient à dire qu'approximativement, sur quarante habitants, il y en a un qui relève des chemins de fer.

Ces voies ferrées ont transporté en 1900, 585 millions de voyageurs, et 2,257 milliards de tonnes kilométriques de marchandises. Les recettes brutes ont été en 1901, de 1,612 millions de dollars et de 1891 à 1902, alors que le réseau ferré ne fut augmenté que de 19 pour 100, les gains accusèrent une augmentation de 46 pour 100. Et l'on se plaint constamment du nombre insuffisant des wagons!

La fortune totale des diverses entreprises de chemins de fer, toutes entre les mains de compagnies privées, serait impossible à établir sans avoir recours à des chiffres fantastiques. Pour faire une estimation approximative, il faudrait non seulement calculer la valeur exacte des lignes, du matériel et des capitaux engagés dans ces entreprises, mais l'on devrait y ajouter celles des terrains liés appartenant à ces compagnies et sur lesquels des villes ont surgi comme par magie. Des territoires énormes, aujourd'hui d'une très grande valeur, ont été cédés jadis, à titre gratuit comme encouragement, par le gouvernement fédéral aux différentes compagnies. Les chiffres indiqués plus haut suffisent à démontrer l'importance des chemins de fer aux États-Unis. Dans le West, non seulement les compagnies possèdent une grande partie du territoire, mais elles détiennent souvent des capitaux tels, que les autres entreprises locales leur sont subordonnées et gravitent dans leur orbite. Comme l'Ouest constitue en grande partie la propriété des grands financiers résidant dans les centres de l'Est, il s'en est suivi que pendant longtemps le Far West a été dépendant des actionnaires et des administrateurs de New-York et de Philadelphie. Cette situation tend cependant à se modifier de jour en jour, grâce à l'importance que les multiples industries nouvellement créées confèrent à la partie occidentale de l'Union.

Les compagnies de chemins de fer n'atteignirent point cette puissance sans commettre les plus graves abus. Des luttes gigantesques s'engagèrent entre les entreprises rivales dans un double but économique et politique. De leur issue dépendit maintes fois le sort d'un candidat à une haute magistrature, d'une loi, d'une institution de première importance. Il n'était pas rare de voir les compagnies abaisser leur taux de transport à un minimum dérisoire dans un besoin de concurrence effrénée, si bien que sur certaines lignes, on voyageait presque gratis. Dans ces duels engagés par les puissantes maîtresses des voies ferrées, les scrupules tenaient peu de place, et ce fut pour remédier à une corruption scandaleuse qu'une loi fédérale, en 1887, instituait la « Interstate commerce committee », tribunal mixte érigé au-dessus des intérêts d'un

État particulier et compétent pour régler les différends qui autrement ne relèveraient que de la législature des États. Cette commission a pour but d'astreindre les compagnies à une concurrence honorable et de les empêcher d'élever démesurément les taux de transport.

Sans vouloir nier les heureux résultats de cette institution, on ne saurait prétendre qu'elle ait rempli, à tous égards le but qui lui était proposé. Il est d'ailleurs permis de douter qu'aucune mesure législative soit capable de mettre un frein durable à une conséquence naturelle du développement économique. Cette hypothèse semblerait justifiée, malgré l'agitation fébrile qui fut déployée ces dernières années pour atténuer l'omnipotence des chemins de fer, et surtout pour empêcher les associations, devenues fréquentes, des différentes compagnies entre elles. Le parti démocratique qui n'a pas de sympathie pour les associations industrielles en général, s'est fait le dénonciateur par excellence des abus qui ont subsisté malgré la loi de 1887.

Ces abus présentent une certaine gravité. Ainsi, outre les grands dangers économiques et le manque parfois de discipline parmi les employés des voies ferrées, la corruption règne dans les rapports d'affaires des grandes compagnies. Il a été établi que telle compagnie, dont le directeur siège au Sénat fédéral, recevait du gouvernement, pour le transport de la poste, deux fois autant par wagon qu'elle pouvait attendre de ses autres relations. Le gouverneur d'un État de l'Ouest a intenté dernièrement un procès à une association de plusieurs compagnies de chemins de fer, qu'il considère comme illégale. Le résultat en est encore douteux.

Mais les adversaires vont encore plus loin, et il en est qui désirent la suppression pure et simple des compagnies qui sont devenues, selon eux, une puissance trop forte, presque un État dans l'État. Ils préconisent comme seul remède efficace, le rachat, par le gouvernement, de toutes les voies ferrées du pays. Cette solution ne paraît guère efficace, et moins aux États-Unis que partout ailleurs. Le rachat aurait comme premier résultat le préjudice porté à l'organisation et à la marche des affaires, par l'absence de toute compétition. Puis il ne faut pas oublier que plus d'un million d'individus se trouvent aujourd'hui au service des compagnies. De par le fait du rachat, la nomination à ces places échoirait fatalement au président ou à un ministre de parti; or, l'institution des pensions a déjà abondamment démontré les dangers d'un tel pouvoir. Sans recourir à une mesure aussi radicale, l'autorité fédérale fera bien de contrôler sévèrement l'organisation des chemins de fer américains. Quant aux efforts dirigés contre la concentration des différentes voies ferrées, il ne semble pas qu'ils aient des chances de réussir. Tout fait prévoir, au contraire, comme le dit M. Goldberger dans un essai récent (1) que, quel que soit le résultat de l'ingérence de l'autorité dans cette matière, le jour n'est pas lointain, où, sous une forme ou une autre, les compagnies de chemin de fer se trouveront réunies, sinon sous le même régime, tout au moins par des liens de corporation.

LES TRUSTS

Les chemins de fer américains sont un exemple entre beaucoup, de la puissance du principe d'association dans l'industrie et dans le commerce. Ce principe triomphe aujourd'hui

(1) Ludwig Max GOLDBERGER. — *Das Land der unbegrenzten Möglichkeiten.*

sur toute la ligne, et les plus grandes affaires du pays sont organisées et régies par des associations ou corporations prodigieuses désignées sous le nom de « trusts ». Avec l'augmentation de la richesse nationale qui s'est produite ces dernières années, ce système a pris un essor si prodigieux, qu'il est devenu l'objet de nombreuses attaques, et qu'aujourd'hui la « question des trusts » est à l'ordre du jour. Le mot « trust » prête tout d'abord à une équivoque qu'il est bon d'éclaircir, car les adversaires de ce régime ont voulu y trouver un argument en leur faveur. Le « trust » était jadis une société centrale à laquelle les intéressés confiaient leurs capitaux *(entrusted their capitals)* pour la réalisation d'un but industriel spécial. Dès lors, les sommes versées devenaient la propriété de la société, qui en disposait à ses fins. Le « trust » d'aujourd'hui, par contre, est une association d'entreprises déjà constituées, qui se liguent pour créer une entreprise plus grande, sans perdre par là leurs conditions d'existence particulière. Le terme de « trust » ne désigne donc pas correctement cette nouvelle manifestation de la vie économique ; cependant il s'est maintenu à côté de celui de « combine », terme d'argot qui exprime infiniment mieux l'idée des nouvelles entreprises.

Le nouveau système a introduit, dans la vie économique du pays, des changements notables, avantageux aux uns, préjudiciables aux autres; il tend à se développer et à se généraliser d'une manière surprenante. Aujourd'hui le total des capitaux engagés dans les trusts de l'Union, en faisant exception des trusts dont le champ d'activité se trouve au Canada et au Mexique, et dont seul le siège social est aux États-Unis, s'élève à la somme fabuleuse de neuf mille millions de dollars et plus de quatre-vingt pour cent des matières fabriquées aux États-Unis proviennent de leurs établissements.

L'opinion publique s'est émue de ces énormes amas de capitaux, et la question se pose partout de savoir si les trusts sont nuisibles ou non au bien-être du peuple américain.

Tandis que les voix les plus autorisées défendent le système comme la manifestation la plus sublime de la supériorité industrielle des États-Unis d'Amérique, d'autres s'empressent de le décrier comme le joug le plus dur que le capital ait jamais fait subir aux masses humaines.

La question est trop récente pour qu'il soit

possible de la résoudre d'une manière entièrement impartiale, et il est difficile de prévoir dès aujourd'hui le résultat final de la lutte acharnée qui se livre autour des trusts. Leurs adhérents se recrutent pour la plupart au sein du parti républicain, tandis que les démocrates ont voué à tout le système une haine implacable.

On a reproché aux « trusts » de créer un monopole exclusif au profit de quelques grands industriels, en écrasant et en ruinant les autres, et de conférer à un groupe restreint d'individus le pouvoir illimité de fixer les prix à leur gré. On dit que par leur concentration de capitaux, les trusts détournent de la circulation normale une fraction importante des biens nationaux, et que les fortunes amoncelées de la sorte ne sont souvent pas en rapport avec la richesse réelle du pays. C'est ainsi, disent les ennemis des trusts, que le système fait revivre tous les dangers de la lutte entre le capital et le travail, et ne peut que contribuer à répandre les doctrines socialistes.

D'autre part, la lutte constante que ce système ne fait qu'intensifier autour des grandes affaires, crée chez ce peuple, déjà fiévreux de nature, un besoin de spéculation, qui se manifeste au détriment du travail patient et réel, qui ne trouve plus sa récompense. A quoi bon travailler péniblement, disent les *anti-trustmen,* pour gagner lentement une fortune médiocre, quand en jouant à ce nouveau jeu de bourse, on peut aisément, en s'intéressant au bon moment à une de ces colossales entreprises, doubler sa fortune du jour au lendemain! Quelle stabilité et quelle sécurité peut présenter une entreprise ou un établissement industriel quelconque valant de fait cent mille dollars et estimés du jour au lendemain au double de sa valeur, par la seule adhésion du propriétaire à une nouvelle corporation? Et quelle confiance inspirera le spectacle de ce propriétaire, nouveau « trust-man » obtenant sur ces fonds qui, en réalité, n'ont point augmenté de valeur, un emprunt de cent cinquante mille dollars? On a enfin reproché aux trusts de devoir leur puissance au tarif protectionniste; celui-ci agissant d'une manière fort irrégulière et inégale sur les diverses fabrications, il en résulte parfois une déviation si absurde dans les prix, qu'il arrive que telle production américaine coûte moins à l'étranger que dans le pays même.

A ceci, les partisans des trusts répondent

que ce dernier cas doit être considéré comme un fait exceptionnel et temporaire, car les chiffres de la statistique prouvent, au contraire, qu'un abaissement général des prix a coïncidé presque partout avec l'avènement du nouveau régime. Ainsi le pétrole qui coûtait 45 cts le « gallon » est tombé, par l'exploitation de la Standard Oil C°, à 7 et 8 cts en quelques années. Il en a été de même pour le sucre produit par le Sugar Trust. La moyenne des taux de transport sur les chemins de fer était de 1.99 par mille en 1870, de 1.17 en 1880, de 0.90 en 1890, de 0.70 en 1899. Ces diminutions progressives simultanées avec le nouvel essor pris par les trusts, ne manquent pas d'éloquence !

L'augmentation de valeur d'une entreprise causée par le seul fait de son adhésion à une grande association nouvelle, n'est pas factice, prétendent les *trustmen ;* une propriété n'a pas la valeur seulement de la somme dépensée pour l'acquérir, mais bien aussi celle du capital correspondant à ses puissances productives. A ce titre, un immeuble valant un jour mille dollars peut fort bien en valoir deux mille le lendemain, si ses rendements ont été doublés dans l'intervalle. Une amélioration des communications, une découverte faite dans le voisinage, etc., sont autant de circonstances fortuites dont dépend la valeur productive d'une fabrique ou d'une usine. On l'a bien vu dans le sens inverse en Angleterre, où les terrains restés pourtant les mêmes ont subi une dépréciation énorme dans leur valeur, grâce à la concurrence que leur fit l'Amérique dans la production des céréales, concurrence à laquelle l'agriculture anglaise ne sut pas résister.

De fait, il faut chercher ailleurs la source de l'accroissement de richesses, inexplicable au premier abord, de ces gigantesques institutions. De très grandes économies sont réalisables par les procédés de sélection et d'association qu'impliquent les trusts. De nombreuses dépenses réputées nécessaires jusqu'à présent, sont supprimées par la réunion de diverses branches industrielles dans une seule et même « combinaison » placée sous une direction centrale d'une capacité hors ligne. On pourra éliminer ainsi beaucoup de fonctionnaires médiocres et d'intermédiaires désormais inutiles. Le travail de surveillance, qui causait des frais considérables, a été fortement réduit par le système des trusts. Lors de l'unification récente de quelques lignes ferrées, on calcula que le président de la nouvelle société faisait à lui seul le travail exécuté précédemment par dix-huit directeurs différents, et le travail étant le produit d'un cerveau unique, spécialisé dans ces fonctions, se trouvait être bien supérieur. Comment alors s'étonner que les services d'un potentat tel que le président du *Steel-Trust*, dont l'influence s'étend sur presque tous les autres trusts du pays, soient rénumérés par une rente annuelle d'un million de dollars? Il y a de la cruauté peut-être, mêlée à un mépris vraiment américain pour tout ce qui n'est pas fort, dans le mot d'un des grands industriels du pays, disant que les trusts le débarrassaient de beaucoup de « bois mort ».

En tout cas, par cette élimination, le pouvoir des Railway-Kings et des grands « Captains of Industry » s'est encore considérablement accru. M. Bryce leur prêtait déjà un pouvoir secondaire seulement à celui du président et du speaker, et considérait cette organisation comme la réapparition, sur le terrain économique, du principe monarchique banni des États-Unis. Toujours est-il qu'à ces pouvoirs presque royaux, correspondent généralement les qualités d'énergie et de force chères à l'Américain. Ainsi, l'on pourrait dire que les trusts sont souvent l'expression du plus grand hommage que les masses puissent rendre à la valeur personnelle.

Les épargnes matérielles ne sont pas moins considérables, les matières premières pouvant être acquises directement et en grandes quantités. Dans l'industrie du fer, mines, charbons, moulins, fourneaux, usines, tout se trouve maintenant réuni sous une seule direction, ce qui eût semblé impossible il y a quelques années. De plus, quelques trusts possèdent des voies ferrées, et ceux qui en sont dépourvus effectuent leurs transports sur une échelle telle, qu'il s'ensuit forcément une réduction notable des frais de transport.

Enfin, disent les partisans des trusts, comment ces institutions seraient-elles nuisibles, quand capital et main-d'œuvre, financiers et ouvriers y trouvent leur compte?

Pour le financier, il est superflu de démontrer la justesse de cet argument; mais avec ce système, les ouvriers eux aussi ont des salaires plus assurés et une participation directe aux bénéfices leur est souvent offerte, ce qui n'était pas le cas jadis. La nécessité pour eux, de se mettre en grève, se fera plus rare, la direction d'un « trust » ayant intérêt d'user de tous les moyens possibles pour prévenir les appels à la violence. La statistique de ces dernières années paraît être sensiblement en faveur de ces assertions.

Les arguments invoqués de part et d'autre dans la question, viennent d'être résumés. Sans vouloir prétendre qu'ils soient tous fondés, on peut dire que la plupart sont basés sur des appréciations justifiées; cependant, il faut établir une différence entre les effets malheureux que les trusts, par leur influence économique, produisent sur aucuns, et les effets malsains qui naissent de leurs abus. Ces derniers ont été assez graves pour provoquer un antagonisme qui va en grandissant; mais l'opinion publique ferait bien de s'attaquer plutôt à ces abus coupables, qu'à une institution qui régira désormais la vie industrielle de l'Amérique.

Plusieurs États de l'Union ont interdit la formation des trusts sur leur territoire, mesure puérile et facile à déjouer, en déplaçant le siège nominal de l'entreprise. L'administration fédérale, et à sa tête son éminent président ont eu recours à des mesures moins radicales. Le président semble cependant avoir pris récemment une attitude plus intransigeante contre les trusts, ce qui a même amené une scission dans le parti républicain. Le *Littlefield Bill* qui a été voté il n'y a pas longtemps, préconise une surveillance active des trusts qui font du commerce entre divers États, et une tenue de comptes tout à fait ouverte, pour prévenir les irrégularités et les spéculations effrénées qui ont contribué plus que tout le reste à détruire le prestige de ces institutions dans l'opinion des masses.

Il semble qu'en agissant ainsi, on resterait dans la note juste. Quant au côté économique de la question, M. Roosevelt lui-même, que l'on ne saurait accuser de partialité envers les trusts, a déclaré dans un de ses discours qu'il était : *A great deal better that some people should prosper too much, than that no one should prosper at all.*

Et, de fait, les trusts ne peuvent faire exception aux lois naturelles qui régissent le monde et qui veulent qu'il y ait toujours des victimes, même quand il s'agit des progrès les plus légitimes d'une nation. L'économie politique doit se tenir pour satisfaite quand ce sont vraiment les moins aptes à subir le « struggle for life » qui succombent.

Diverses classes de la population américaine semblent spécialement destinées à souffrir des conséquences du nouveau courant, entre autres, la *Gentry* agricole de la Virginie, dont l'esprit conservateur ne saurait s'accommoder à ces nouvelles idées, et qui se voit, par conséquent, menacé dans son existence même. Les contrecoups fâcheux que ne manqueront pas à avoir les trusts, sur divers éléments, souvent des plus respectables, sont fort regrettables, ce sont cependant des conséquences naturelles du nouveau régime qu'on ne saurait guère éviter. Si même, ce que l'on ne peut prévoir, la législation abolissait les trusts, ces associations, qui représentent aujourd'hui l'organisation naturelle de l'industrie américaine, ne tarderaient pas à reparaître sous une autre forme, et, d'ailleurs, pour arriver à ce résultat, il faudrait une modification de la Constitution que rien ne fait pressentir. De plus, il importe de ne pas oublier que les trusts ne sont aucunement semblables aux anciens monopoles : ceux-ci élevaient des barrières factices à l'activité économique, et avaient pour effet de diminuer la production, et partant, la fortune nationale ; tandis que les trusts ont donné en quelques années à l'Amérique une richesse inconnue jusqu'alors, et à divers égards la suprématie industrielle sur le monde entier. D'autre part, leur augmentation systématique, en même temps que celle de la prospérité du pays, est un signe irrécusable de leur solidité. Mais c'est en abaissant les prix, non en les haussant, que les trusts sont arrivés à leur pouvoir actuel. Chaque fois que le but du trust n'a pas été l'épargne, ou que l'idée inavouée des financiers était d'empêcher une saine concurrence et d'amener par là la hausse des prix, l'entreprise a toujours échoué.

A cet égard, comme le fait justement remarquer M. André Carnegie (1), le grand industriel qui est en même temps un grand penseur et un grand philanthrope, point n'est nécessaire de légiférer contre eux, car pas plus que le plus modeste des marchands, les puissants trusts ne peuvent se soustraire aux lois économiques qui régissent les marchés du monde, et qui ont leur force bien plus impérieuse qu'aucune loi constitutionnelle (2).

____

(1) A. CARNEGIE, *The Empire of business.*
(2) M. Goldberger a raconté comment l'*Ocean-Trust*, qui fit tant de bruit il y a quelque temps, échoua pour n'avoir pas tenu compte de ces principes économiques. On ne peut arriver

A tous les points de vue, la vie industrielle semble avoir, par les trusts, atteint une phase nouvelle. L'économie politique comptait jadis comme facteurs principaux dans la production nationale : la nature, le capital et le travail. Mais un nouveau facteur vient surgir dans la vie industrielle d'aujourd'hui. M. Carnegie a inscrit dans sa théorie du « Three legged stool » la nouvelle formule de : *Capital, brains and labour* et y voit la base de la force de sa patrie. C'est la dernière étape dans l'histoire de l'industrie, où, après les petits artisans et les fabricants, apparaissent les grandes associations. La nature, d'abord omnipotente, a été vaincue par l'homme et reléguée à l'arrière-plan comme force productive.

Les aptitudes personnelles de quelques hommes d'élite jouent un rôle inconnu naguère dans les destinées du pays. Les trusts représentent donc bien l'application pratique du principe dont il a été question ailleurs. Mais en sont-ils vraiment la dernière manifestation?

---

par aucun effort à réduire le nombre des bateaux, la quantité ou les frais de charbon, les prix de transport, etc. etc. Le but inavoué de l'*International mercantile maritime C°,* nom officiel de cette société, ne pouvait donc être que d'empêcher toute compétition. Le résultat ne s'est pas fait attendre.

Ira-t-on plus loin dans la voie où l'on s'engage? Après avoir réuni différentes branches d'une même industrie, procédera-t-on à la réunion d'industries différentes? Le pays deviendra-t-il enfin une gigantesque raison commerciale et industrielle, et ses forces économiques seront-elles limitées par les frontières politiques? Verra-t-on un jour une immense fédération de trusts occuper le cadre politique que la Constitution fédérale a créé et l'ère nouvelle, dont le travail est le principe souverain, se trouvera-t-elle ainsi consacrée?

Ce sont des questions qui doivent intéresser quiconque a observé l'histoire économique du monde. Une si formidable association avec l'amassement de richesses qu'elle comporte, aurait peut-être pour résultat une dépréciation de la valeur monétaire. Mais tant que le reste du monde ne marchera pas de pair avec les États-Unis sur le terrain industriel et des obstacles de toute nature écarteront pendant longtemps cette hypothèse, il n'y aura pas péril en la demeure. Il faudrait plutôt s'attendre à un déplacement extraordinaire de l'équilibre économique du monde, et cela en faveur de l'Amérique. Quelques étapes de plus dàns la voie où elle s'est engagée suffiront peut-être à l'industrie américaine, pour faire graviter vers le pays une fraction, disproportionnée à sa grandeur, de la fortune du globe. Une monopolisation écrasante et réellement agressive en serait la conséquence forcée. Mais que les socialistes américains ne se récrient pas, le peuple des États-Unis tout entier y gagnerait au détriment de tous les autres États de la terre.

La Grande République est déjà maîtresse de plus d'un territoire étranger, grâce à des conquêtes effectuées bien plus par l'or que par le fer. Verra-t-on dans l'avenir des guerres et des alliances économiques?

L'ÉTALON

On pourrait encore rappeler ici la question de l'étalon, qui, il y a peu de temps encore, agitait si fiévreusement les esprits d'outre-mer. Un parti assez fort voulait, par une légèreté inconcevable, substituer à l'étalon d'or celui d'argent, et l'on put craindre un instant une crise financière de la plus haute gravité. Depuis quelque temps cependant, on ne parle plus de la question monétaire, et un revirement complet s'est produit en faveur du système établi.

RICHESSE DES ÉTATS-UNIS

Quoi que l'on pense des trusts, il est juste de reconnaître que le pays a atteint sous leur régime un état de bien-être inconnu jusqu'alors, et dont l'année 1903 marque en quelque sorte l'apogée.

Les recettes de l'État, qui se chiffraient, en 1870, à la somme de trois cent quatre-vingt-quinze millions de dollars, s'élevèrent, en 1903, à cinq cent soixante millions de dollars, dont quelque deux cent quatre-vingt-quatre millions provenaient des douanes et deux cent trente de taxes intérieures. Les dépenses du dernier exercice budgétaire furent estimées à quatre cent soixante-dix-sept millions de dollars, se répartissant dans les postes principaux, en cent dix-huit millions affectés à l'armée, quatre-vingt-deux à la marine, vingt-huit au paiement d'intérêts, et cent trente-huit millions au service des pensions. La dette publique s'est, d'autre part, fortement abaissée. Elle avait attteint son maximum en 1866, quand elle représentait soixante-quatorze dollars par tête, et son minimum l'année dernière avec une répartition de onze dollars par habitant, chiffre le plus bas qu'accuse la statistique des quarante dernières années.

La fortune publique des États-Unis fut estimée en 1850 à cent millions de dollars, ce qui représentait en moyenne la somme de trois cent sept dollars par tête ; elle a été évaluée à 94,300 millions de dollars en 1900, ce qui donne une moyenne approximative de 1,295 dollars par tête.

La production agricole a doublé depuis l'année 1870. Depuis 1850, la production du blé est six fois plus considérable, celle du maïs quatre fois, celle du coton cinq fois, celle du sucre trois fois, de la houille cinq fois, et celle de l'or d'un dixième. Depuis l'année 1870, la production de l'argent a triplé, celle du pétrole est onze fois plus considérable, celle de l'acier, deux mille fois.

Il y a aujourd'hui quatre fois autant d'établissements industriels qu'en 1850, dans lesquels travaillent six fois autant d'employés, dont les salaires s'élèvent à un total onze fois plus considérable qu'alors. La seule exception à toutes ces augmentations se trouve dans la fabrication des boissons alcooliques, laquelle accuse une diminution constante. Depuis 1870, alors que la population n'avait que doublé, le nombre des bureaux de poste a presque triplé, le réseau des voies ferrées s'est étendu sur une longueur quatre fois plus grande.

Le développement intellectuel marchait de pair avec le développement industriel, car le nombre des journaux a quadruplé, et les sommes affectées au paiement des salaires dans les écoles publiques ont été quintuplées.

La statistique des relations commerciales avec l'étranger est significative, elle aussi. Les produits importés aux États-Unis dans le cours de l'année 1903, ont atteint la valeur de 1,025,719,237 dollars; l'exportation totale se chiffrait à 1,420,141,679 dollars. Il a été importé d'Europe pour cinq cent quarante-sept millions de dollars. Le commerce extérieur de la République a donc atteint, en 1903, le chiffre de deux milliards et demi de dollars, ce qui n'avait jamais eu lieu auparavant.

La répartition entre les ventes et les achats a été assez variable. Aux environs de 1870, alors que le commerce extérieur se chiffrait déjà à un milliard par an, la valeur des marchandises importées aux États-Unis dépassait celle des produits exportés. Depuis 1880 l'exportation américaine accuse une plus-value sur les importations, et, dès lors, la balance commerciale continue toujours à se déplacer dans ce sens. Cette nouvelle orientation est causée d'abord par la quantité de produits agricoles que l'Union vend à l'étranger. Puis, ces dernières années, ce sont ses produits industriels qui placent la république américaine au premier rang comme État exportant.

Ces progrès ont été rapides, et tandis qu'en 1890, les États-Unis achetaient encore pour trois cent cinquante-sept millions de dollars à l'étranger et ne lui vendaient leurs propres articles industriels que pour la somme de cent cinquante et un millions de dollars, l'importation de ces articles, en 1899, diminua de cent millions, tandis que leur exportation augmenta de deux cents millions.

Aujourd'hui, l'Union fournit au monde entier le tiers de son blé et les trois quarts de son coton. Elle livre au commerce international plus de viande de bœuf et de porc, plus de fer et d'acier, plus de cuivre et de plomb qu'aucun autre pays de la terre.

Il est évident cependant que cette prospérité sans pareille ne saurait indéfiniment augmenter. La demande des produits industriels pourrait ne pas se voir toujours couverte par la production du pays, ce qui amènerait une augmentation dans les importations, circonstance que l'on ne saurait, d'ailleurs, nécessairement considérer comme désavantageuse. Mais outre ces fluctuations de la balance commerciale, diverses raisons pourraient, à un moment donné, limiter la production nationale. Il semblerait, qu'à cet égard, l'année 1903 marquât son apogée, et peut-être cette production va-t-elle entrer maintenant dans une phase moins brillante.

Mais cet arrêt ne saurait être que momentané. Des crises industrielles peuvent bien se produire, mais elles n'amèneront sans doute plus de paniques comme jadis.

En effet, l'Union a affecté une grande partie des excédents de ses balances commerciales des dernières vingt-cinq années, au paiement de ses dettes envers l'Europe. Les États-Unis sont aujourd'hui entièrement indépendants du capital européen. Une autre circonstance de nature à garantir la stabilité économique du pays ressort du fait que les territoires de l'Ouest et en partie du Sud ont réussi à créer une organisation économique spéciale, qui les met, plus qu'autrefois, à l'abri des crises financières éclatant soudain dans les grands centres de l'Est.

LE TARIF DOUANIER

La prospérité actuelle des États-Unis est due certainement en partie au tarif protectionniste en vigueur. C'est l'argument le plus fort qu'invoquent en sa faveur les partisans du régime douanier actuel. Il ne faudrait pas, toutefois, en exagérer l'importance; car il n'est point prouvé que sans ces mesures restrictives, le total des marchandises importées aux États-Unis pendant les années qui ont suivi l'introduction de ce régime, eût sensiblement augmenté.

Les ennemis du tarif actuel, en particulier la classe ouvrière, reprochent à ce système dans lequel ils veulent voir à tout prix la condition *sine qua non* de la réussite des trusts, d'augmenter le prix de certains produits, importés de l'étranger.

C'est là une question difficile à résoudre, et qui ne saurait être envisagée d'un seul côté. Le tarif actuel peut bien avoir pour effet d'augmenter le prix de ces produits ; mais son abolition dans les circonstances présentes, amènenerait une crise qui aurait une répercussion bien plus grave sur la production entière de l'Union, et partant sur les conditions de la vie matérielle.

Cependant, une revision s'impose, car la vie économique de l'Union n'a plus guère besoin d'une tutelle de la part de l'État, mais cette revision, dont les hommes politiques reconnaissent la nécessité, ne pourra s'opérer qu'avecla plus extrême prudence.

SOCIALISME ET QUESTIONS OUVRIÈRES

Dans les conditions que nous avons indiquées plus haut, sans impôts trop lourds à subir, et sans service militaire obligatoire, on pourrait croire que le socialisme est chose inconnue aux États-Unis, et les nombreuses grèves qui y ont eu lieu paraissent inexplicables au premier abord.

Toutefois, la grande concentration des capitaux a eu, en Amérique, comme ailleurs, pour effet de produire des crises violentes, qui ont servi la doctrine socialiste, et l'utopie idéale que cette doctrine représente ne pouvait manquer d'avoir prise sur quelques esprits exaltés. Il n'y a donc rien d'étonnant à ce que les crises y soient plus violentes et les rixes plus sanglantes qu'ailleurs, et l'on aurait tort de conclure de là, que plus qu'un autre pays, l'Amérique est accessible aux idées socialistes. Aussi peut-on considérer ces crises comme passagères, et rien ne fait prévoir leur aggravation dans l'avenir.

De fait, la question sociale, que l'on nommerait plus justement la question ouvrière, semble être entrée, en Amérique, dans une nouvelle phase qu'il faut considérer sous deux points de vue très différents. L'esprit économique, doublé du bon sens anglo-saxon qui se manifeste partout en Amérique, n'est point un élément propice aux théories socialistes. Ce peuple de travailleurs acharnés et pratiques ne peut guère avoir de sympathie pour ces utopies toutes doctrinaires. Si le luxe y est fort coûteux, la vie matérielle n'y est pas plus chère qu'en Europe, et c'est à New-York que s'approvisionnent de préférence les grands bateaux desservant les deux continents. L'éducation est à la portée de toutes les bourses, et les malades de corps et d'esprit, les indigents de toute espèce reçoivent, aux États-Unis, des soins qu'ils n'obtiendraient nulle part ailleurs dans la même mesure. Puis qui profiterait aux États-Unis de l'inauguration d'un régime bouleversant toute la distribution de la propriété? Assurément ce ne seront pas les propriétaires, pour si peu qu'ils le soient. Or, les propriétaires forment la plus grande partie de la population du pays qui, à cet égard, ne peut être comparé qu'à la Suisse. La statistique enregistre les énormes fortunes personnelles, mais ainsi qu'il a été dit plus haut, elle démontre qu'aux États-Unis plus que partout ailleurs, le nombre des fortunes médiocres est considérable.

Enfin, l'Amérique ne connaît pas du tout l'abîme social qui sépare en Europe, le maître de l'ouvrier. Dans ce pays où tout travail, si infime qu'il soit, est tenu en honneur, et où seul le paresseux est l'objet du mépris général, chaque ouvrier peut caresser l'espoir de posséder un jour lui-même une usine. Son optimisme semble pleinement justifié par l'exemple de ses nombreux concitoyens devenus millionnaires après avoir débuté dans la vie comme de simples ouviers.

Si donc l'ouvrier américain est socialiste, c'est dans une acception du mot bien différente de celle qui a cours en Europe. Il ne s'agit pas pour lui de vouloir remédier à une situation sans espoir, mais seulement de satisfaire des besoins nouveaux en obtenant des salaires plus élevés. Il aura recours à cet effet à divers artifices et s'organisera pour la lutte au moyen des associations ouvrières. Celles-ci ont déclaré la guerre aux trusts, mais c'est une lutte entre égaux qui, d'ailleurs, ne peut avoir que le meilleur effet sur le maintien de l'équilibre économique.

Tout autre est la situation du prolétaire nouvellement débarqué, complètement dépourvu de moyens. C'est dans cet élément que se sont recrutés presque tous les partisans des grèves; inapte à la lutte pour la vie, il devient aisément la proie que le capitaliste un jour, et l'agitateur socialiste le lendemain, exploitent à leurs fins égoïstes. Aussi a-t-on décrété la mise en vigueur de mesures restrictives de toutes sortes pour empêcher l'immigration de ces déshérités de la vie. Malgré ces mesures, l'immigration de l'année dernière a été, comme on le sait, la plus forte qu'il y ait jamais eu ; elle a dû marcher de pair avec une incalculable misère.

Mais il est parfaitement possible de démontrer par des sophismes les thèses les moins fondées sur la raison. Seule la leçon acquise par l'expérience est durable dans ce qui est humain, et bienheureuses sont les nations qui peuvent, sans danger, risquer de pareilles expériences. Les États-Unis semblent être de ce nombre.

La Constitution du pays est telle que le socialisme pourrait être accepté par le gouvernement de plusieurs des quarante-cinq républiques, sans porter préjudice à la force de la grande République américaine.

Un exemple de cette espèce qui se produisit vers l'an 1879, en Californie, mérite d'être relevé. Dans la fièvre d'or des années 1850, on s'était rué vers cet Eldorado, dont on espérait la fortune rêvée. C'étaient surtout des aventuriers et des paresseux qui cherchaient la richesse sans vouloir le travail. A ce taux, le métal précieux lui-même ne suffit plus à nourrir une vie humaine. Comme il arriva en Australie, dans des cas tout à fait analogues, cet état de choses eut deux conséquences fatales. Tout d'abord, ayant vu l'or miroiter à ses yeux, la foule en voulut toujours davantage, et comme les mines n'en livraient qu'une quantité limitée contre un travail assidu, et que l'on en voulait sans labeur, on chercha dans le jeu un moyen d'atteindre ce but. La spéculation et les jeux de hasard firent rage pendant plusieurs années. La seconde conséquence fut un profond mécontentement des classes de fainéants contre les individus plus fortunés et plus laborieux surtout, qui avaient su acquérir et conserver des richesses.

On ne pouvait trouver un terrain mieux préparé pour recueillir la semence socialiste ; comme en Australie, un grand courant s'établit dans ce sens, créa bientôt un parti dans le Congrès de la Californie et finit par y remporter la victoire.

Il ne s'agissait plus dès lors que de mettre en pratique les doctrines socialistes. Kearny, le chef du parti qui a donné son nom à tout le régime, s'en chargea, et une nouvelle Constitution fut élaborée pour la Californie. Cette Constitution, qui régit pendant quelques années les destinées du pays, était dirigée entièrement contre le capital exécré. Étant l'œuvre de gens pratiques, elle ne s'étendit pas dans les théories abstraites d'un *credo* politique inutile. On attaqua les capitalistes dans les sources mêmes de leurs richesses; c'étaient la main-d'œuvre à vil prix du Chinois et les corporations industrielles. Toutes deux furent interdites, et de nombreuses ordonnances promulguées pour affaiblir le pouvoir du capital. Mais les mesures violentes ne purent se maintenir à la longue, et les grandes lois économiques triomphèrent des règlements humains. La loi concernant l'immigration de la race mongole fut maintenue, mais le « Kearnyisme » prit fin, et la Californie revint à une forme de gouvernement semblable à celles des autres États de l'Union.

Peu importe, d'ailleurs, la teneur exacte des mesures prises en Californie contre le capital. L'essentiel, pour l'étude des mœurs américaines, est que l'expérience socialiste put être tentée, puis échoua, et que la crise resta localisée. Les autres parties de l'Union ne subirent aucun désavantage par le fait de l'introduction passagère d'un socialisme officiel en Californie, tandis que l'Australie entière pâtit encore aujourd'hui d'avoir voulu faire de ces doctrines mensongères sa religion d'État.

Au demeurant, l'avenir réserve peut-être des suprises inattendues, mais si, et dans des circonstances différentes, le socialisme arrivait à triompher aux États-Unis, ceux-ci auraient alors renoncé à tout leur génie national actuel, ce que rien ne fait prévoir.

Quant aux trusts, leur développement par des associations encore plus considérables pourrait, par la centralisation, aboutir peut-être un jour à une sorte de socialisme d'État. Mais l'amour de la liberté individuelle est si fort aux États-Unis, que toute institution n'en tenant pas compte ne serait pas viable.

On peut donc espérer qu'ici comme dans d'autres circonstances, l'opinion publique si sensée, saura maintenir un juste équilibre entre les droits de chaque individu et la puissance des grands industriels de la nation.

CHAPITRE VIII

LES QUESTIONS DE RACE

ALLEMANDS — CANADIENS — IRLANDAIS

Les questions de race qui, en Europe, ont un dénouement parfois si tragique, ne sont guère connues outre-mer, en ce qui concerne la race blanche. Parmi les races d'origine hétérogène qui ont contribué à peupler le territoire des États-Unis, aucune tendance subversive ne se manifeste plus aujourd'hui, et l'on peut cons tater que les idées en opposition avec celles de la race anglo-saxonne dominante, relèvent généralement du domaine de la religion ou des intérêts économiques.

Les Allemands et les Hollandais revêtent dès la seconde génération tous les traits nationaux. Les Canadiens de race française immigrés dans les États du Nord et de l'Est conservent le caractère spécial que leur ont donnés leur attachement à la foi catholique et leurs principes éminemment conservateurs. Ils n'en sont pas moins de très loyaux citoyens de l'Union, sans toutefois qu'une assimilation entre eux et les habitants de ces parages, issus pour la plupart des premiers puritains, paraisse encore possible.

Pour les Irlandais, plus nombreux que dans la mère-patrie, il n'en est pas de même ; en dehors des considérations de religion, la haine innée que chaque fils d'Érin porte à l'Angleterre, leur impose une attitude spéciale qui sera longtemps encore un obstacle à un rapprochement sincère des deux grandes puissances anglo-saxonne. Leur attitude pendant la guerre du Transvaal, où leurs sympathies pro-boers se manifestèrent d'une manière si vive que de nombreux Américains d'autres races furent entraînés par leur enthousiasme, prouvent clairement qu'ils ne sont point une quantité négligeable. Il est curieux de constater que cette race qui a perdu l'usage de son idiome, est restée, de tous les éléments étrangers des États-Unis, le plus réfractaire à toute union des Anglo-Saxons dont elle parle la langue. De ce chef on pourrait compter les Irlandais du Nouveau Monde plutôt

comme un parti politique que comme nationalité distincte.

ESPAGNOLS

Les vastes territoires qui appartenaient, il n'y
a pas longtemps encore, au Mexique, ne présentent guère aujourd'hui de traces de la race métissée, Espagnols et Mexicains, qui les habitait
lors de leur cession à l'Union.

Cette race, en deux générations, a adopté les
mœurs des conquérants, immigrés en masse en
Californie à la recherche de l'or. Les quelques
vestiges de l'ancien régime mexico-espagnol,
pour n'être que peu nombreux, n'en offrent pas
moins toutefois d'intérêt pour l'ethnologue.

Ce sont quelques expressions courantes dans
l'anglais, seule langue parlée actuellement, et
dont l'origine espagnole ne peut être mise en
doute. Ce sont aussi les noms des localités
qui ont retenu leurs premières appellations.
L'étranger voyageant dans ces contrées, songe,
en entendant ces noms espagnols : San Fran-
cisco, Sacramento, San José, Los Angeles, etc.,
prononcés par un conducteur de train, avec un

accent yankee qui les rend presque méconnaissables, à certains pays d'Europe, où dans les gares l'on n'entend parler que la langue de l'État, mais où celle-ci reste incomprise des habitants à cent pas de distance. En Amérique, c'est le contraire qui a eu lieu, et dans ces villes aux noms espagnols, il y a peu d'habitants qui sachent se servir d'un autre idiome que l'anglais. L'américanisation y a été si complète, que lors de la dernière guerre hispano-américaine, l'on a vu des descendants des anciens colons d'Espagne s'engager librement pour combattre le pays de leurs aïeux.

En présence de ce phénomène presque unique dans l'histoire : l'assimilation par un peuple civilisé d'autres peuples civilisés eux aussi, mais dont les idées étaient essentiellement autres, l'observateur ne peut dissimuler son étonnement, car la contrainte n'a presque jamais été employée et l'américanisation s'est produite par la force même des choses. La puissance d'assimilation que possède l'élément anglo-saxon explique en partie seulement la rapidité vertigineuse avec laquelle les Mexicains de la Californie, par exemple, se firent Anglo-Américains. Il faut chercher dans la question d'intérêt la principale raison qui a rendu cette transformation si facile. Sans trahir sa patrie, l'homme sage ne prenait en considération que les affaires. Comme il l'a été dit plus haut, la langue n'était qu'un moyen pour les conclure. Les querelles de races du vieux monde ne pouvaient sembler à ce travailleur qu'une grave perte de temps. Puisqu'il était reconnu qu'une langue universelle s'imposait pour les affaires, le bon sens le plus élémentaire demandait que l'on adoptât celle qui était la plus répandue. Il se trouva que c'était l'anglais, mais ç'aurait pu tout aussi bien être le chinois ou le japonais. On croyait rester Allemand ou Espagnol en devenant citoyen américain, et ne prévoyait pas le changement qu'une génération suffirait à produire.

De fait l'américanisation s'opéra sans même que l'on s'en aperçût. Tous les intérêts commerciaux la préconisaient, et les penchants humains les plus nobles ou les plus vils l'ont dictée. Cela pouvait être dans certains cas la reconnaissance pour la nouvelle patrie, où l'émigré trouvait le bonheur après les vicissitudes de l'ancienne vie d'autrefois; le chevalier d'industrie croyait ainsi élever entre lui-même et son sinistre passé une muraille infranchis-

sable, qui le mettait à l'abri des poursuites de
la justice.

DERNIERS ÉMIGRÉS

Enfin les immigrés de race slave et autre, de
ces dernières années, forment — comme on l'a
vu plus haut — un élément à part, qui par son
infériorité évidente ne semble pas pouvoir, de
longtemps, s'amalgamer au reste de la population. Il n'y a pas lieu de s'y arrêter.

LES NOIRS

Le quinzième amendement à la Constitution,
voté en 1867, est ainsi conçu : « Le droit de vote
des citoyens des États-Unis ne pourra être refusé
ou limité par les États-Unis ni aucun État, pour
raisons de race, couleur ou condition antérieure
de servitude. »

L'application de cette loi si équitable a, par
un curieux destin, fourni aux États-Unis la seule
question de race dont ils souffrent, et exposé le
pays à l'un des plus grands dangers qu'il ait

jamais connus. La population noire est répandue de telle façon dans les États du Sud, qu'elle y forme aujourd'hui presque un État dans l'État. Dans les contrées voisines du Golfe du Mexique, cet élément atteint les deux tiers de la population. Or, il a été établi que la race blanche ne peut habiter les régions tropicales sans se débiliter. C'en est assez pour légitimer les plus graves appréhensions pour l'avenir, si l'on considère l'hostilité presque ouverte dans laquelle blancs et noirs vivent ensemble dans ces parages.

Il n'en a pas toujours été ainsi. Avant l'émancipation et la guerre qui la précéda, les nègres, méprisés au Nord, jouissaient au Sud d'un traitement patriarcal qui n'était pas toujours aussi inique qu'on a voulu le prétendre. Ils étaient considérés presque comme des membres de la famille du colon, et il n'était pas rare de voir celui-ci leur confier la garde de ses enfants et de ses biens. Les esclaves restaient attachés à leurs maitres, mais n'aspiraient point à une égalité complète avec une race qu'ils devaient considérer d'une autre essence que la leur.

L'émancipation ne tarda pas à mettre brusquement fin à cet état de choses. Un revirement complet se produisit. Le Nord se découvrit tout à coup une sympathie, d'ailleurs purement théorique, pour cette race pour laquelle il avait versé son sang; mais le Sud ne vit plus en elle que la cause de son humiliation. De plus, les *Southerners,* lésés, selon leur opinion, dans leurs droits de propriétaires, souvent même ruinés, furent invités par leurs concitoyens du Nord, après la défaite, à accepter les noirs comme leurs égaux, et à partager avec eux le gouvernement du pays. Ils s'y refusèrent. Mais le noir avait gagné dans la lutte, et l'arrogance du sauvage longtemps comprimée s'était réveillée en lui; il entendait bien user de ses nouveaux droits de citoyen. Pour contraindre les colons du Sud à accepter cette situation, le gouvernement fédéral inonda le pays d'une armée de fonctionnaires dont l'incapacité et le manque de scrupules devinrent notoires. Il n'en fallut pas davantage pour que le méridional exécrât dès lors son ancien esclave devenu son concitoyen.

Sans doute la traite des noirs était une iniquité flagrante, mais sa réforme maladroite fut une faute politique qui aggrava la situation, et rendit impossible, peut-être pour toujours, toute bonne entente entre les populations du Sud. Les blancs forcés de reconnaître, au moins en principe, les droits politiques des noirs, résolurent de les empêcher d'en avoir aucun dans le domaine social. Tout en usant de violence (1) pour empêcher les hommes de couleur d'user de leurs droits électoraux et éviter surtout d'être gouvernés par eux, les blancs du Sud ont inauguré tout un système d'humiliations dont ils abreuvent leurs concitoyens à peau bistrée. Le Nord adhère aujourd'hui tacitement à cet ostracisme social.

Dans toute l'Union, aucun hôtel de premier rang, aucun restaurant, aucun théâtre dans le Sud, n'accepte des clients de couleur. Ceux-ci doivent se contenter d'établissements institués spécialement à leur usage, et tenus par leurs congénères. Il leur est même interdit d'user des mêmes wagons de chemin de fer. Les unions libres si fréquentes jadis entre maîtres et négresses ont cessé entièrement, et l'aversion contre la race noire est si grande aujourd'hui que le blanc qui oserait prendre pour maîtresse une femme de couleur, se couvrirait d'un

(1) Les votes sont souvent falsifiés ou les noirs expulsés des comices par la force. Ces mesures n'ont guère amélioré la situation politique du blanc, et il n'est pas rare que lors de l'élection d'un magistrat, ce soit le candidat noir qui l'emporte dans l'âpre lutte livrée autour des urnes.

opprobre presque aussi grand que s'il avait des penchants contre nature (1). L'aversion n'est pas la même, on le conçoit, du côté opposé, et il n'est pas rare qu'un nègre s'éprenne d'une blanche qui, pour lui, représente un être supérieur. Si mention est faite ici de cette circonstance, c'est que les attentats à la pudeur contre les blanches, assez fréquents, sont le plus souvent expiés par la loi de Lynch, ce qui contribue à envenimer encore la haine entre les deux races.

Les barrières sociales élevées contre cette population, issue en grande partie, par une dérision du sort, des anciens colons, ont donc été efficaces. De l'enfant gâté qu'il était souvent jadis, le nègre est devenu aujourd'hui un véritable paria social.

Ces sentiments professés envers les noirs paraissent extraordinaires à l'Européen, qui y voit un contraste flagrant avec les idées libérales dont se targue l'Amérique. Ils sont cependant si

(1) Ce phénomène ethnique, s'il protège la race blanche, a aussi pour effet de contribuer à la purification de la race noire, qui a doublé depuis 1870.

Les mariages entre gens de différentes couleurs ont été de tout temps interdits, comme on sait, dans presque tous les États de l'Union.

fortement ancrés dans l'opinion publique, qu'on peut les considérer comme une partie intégrante du catéchisme politique et social du peuple des États-Unis.

La tempête que souleva dans la presse d'outre-mer, l'invitation à dîner que le président Roosevelt osa adresser à un sénateur du pays, Booker Washington, philosophe éminent auquel l'on ne pouvait reprocher que sa couleur, démontre assez combien il est dangereux de vouloir braver ce sentiment. Comme il est d'une capacité remarquable et d'une intégrité notoire, on admettait bien que ce nègre distingué eût droit à des égards plus grands que le premier venu, voire même qu'on lui ouvrît les portes de la Maison-Blanche, où chaque aventurier peut serrer la main du chef de l'État! Mais que le Président de la République se mît à table en compagnie d'un noir, c'était chose inouïe! La presse du Sud dénonça cet acte comme un manque de patriotisme, et promit aux gens de couleur une vengeance sanglante.

Si ce traitement n'offrait pas, à lui seul, à la race noire, des raisons suffisantes de mécontentement, elle en pourrait trouver d'autres dans l'état précaire où elle se trouve. L'émancipation avait donné aux noirs la liberté, mais sans leur attribuer la moindre parcelle de territoire. A ce titre, elle était une demi-mesure, ne valant pas même l'ukase par lequel Alexandre II abolit le servage en Russie. Avec une éducation plus soignée, les besoins du noir se sont accrus, mais, de par son infériorité de race, sa paresse et les multiples désavantages de sa situation vis-à-vis de ses anciens maitres, il n'a pas acquis les moyens de les satisfaire.

Cette infériorité de race, que les philanthropes contestent, est la base même de la question. Elle seule peut expliquer l'attitude de l'Amérique libérale vis-à-vis des gens de couleur, l'exaspération du citoyen blanc de se trouver l'égal devant la loi, d'un élément qu'il considère à tous égards comme inférieur. Quoi que l'on puisse penser sur ce sujet, tout tend à prouver la justesse de cette appréciation.

La criminalité est chez les noirs bien plus fréquente que chez les blancs de la même région. Dans les contrées où les nègres sont en masses compactes et éloignés de la population blanche, elle est encore plus forte, et atteint parfois, à ce que l'on prétend, jusqu'à huit fois la moyenne observée chez les blancs. Si, dans les contrées de race mixte, le noir semble, du moins en apparence, mener une vie plus conforme aux idées modernes, il ne manque jamais, rentré dans les parages éloignés, de reprendre ses mœurs demi-barbares. Moitié enfant, moitié sauvage, le nègre l'est toujours, en religion, en morale, en tout. Un vol est pour lui bien plus une preuve d'adresse qu'un délit. Pour son mariage, il se dispense souvent de toute bénédiction nuptiale, et son culte le plus répandu consiste en un méthodisme auquel viennent se mêler des pratiques de sorcellerie importées d'Afrique.

Si le caractère et le sens moral manquaient chez les nègres, il faut convenir que la bonne volonté ne leur faisait pas défaut. Ils ont tenté l'impossible pour s'assimiler les mœurs et la culture de leurs anciens maîtres, dont ils ont adopté la langue, au point que tout vestige de l'ancien idiome africain a depuis longtemps disparu. L'éducation a fait parmi eux de notables progrès, et l'on ne saurait plus, de ce chef, affirmer leur infériorité. Si dans les contrées où régnait naguère l'esclavage, 67 pour 100 des enfants blancs fréquentent les écoles publiques, la proportion pour les nègres n'est pas inférieure à 52 pour 100. Booker Washington, qui s'est donné comme but de sa vie la régénération de sa race, a créé de multiples établissements d'éducation qui devaient donner au jeune homme de couleur son brevet de capacité morale, et élever la jeune fille au niveau de sa voisine blanche.

Cette œuvre a déjà produit des résultats remarquables, surtout au point de vue de l'instruction ; cependant l'on ne saurait épouser sans réserve les idées optimistes que cet esprit élevé (qui, ayant reconnu l'infériorité de sa race, a tout essayé pour la faire disparaître) a développées dans un livre récent qui offre le plus grand intérêt (1).

---

(1) Booker T. Washington, l'*Autobiographie d'un nègre*. On ne peut résister au désir de transcrire quelques passages de cet ouvrage, s'élevant parfois au sublime. En voici quelques-uns : « J'avoue qu'à l'heure présente, je n'envie plus le jeune homme blanc comme par le passé. J'ai appris que le succès ne doit pas se mesurer à la position que l'on a atteinte dans la vie, mais aux obstacles qu'il a fallu vaincre pour y arriver... J'ai toujours éprouvé une certaine tristesse en entendant des hommes d'une race ou d'une autre se prévaloir de droits sous le prétexte qu'ils sont les représentants d'une certaine race... Tout être persécuté, toute race persécutée trouveront des consolations infinies dans la grande loi humaine, universelle et éternelle, qui veut que le mérite, à la longue, sous quelque peau qu'il se cache, soit reconnu et récompensé... » Et encore : « Que de fois j'aurais voulu dire aux étudiants de la race blanche qu'ils s'élèvent en proportion de ce qu'ils font pour élever les autres, et que plus la race est abjecte et infortunée, plus ils se grandissent en lui donnant un appui. »

Ces tentatives n'ont point abouti à transformer la race noire, on devait s'y attendre ;
l'éducation ne suffit pas à elle seule à donner
la civilisation. Maint peuple primitif fait preuve
à cet égard d'un zèle extraordinaire, mais les
enfants, après avoir brillé à l'école, ne tardent
pas, plus tard, à retomber dans l'apathie héréditaire. Ce n'est pas l'éducation d'une génération
qui peut octroyer à une race des qualités morales qui, elles seules, constituent sa grandeur
ou sa supériorité.

Le noir du Nouveau-Monde n'aurait cependant,
dant, pour se convaincre de son infériorité, qu'à
établir une comparaison entre lui-même et son
frère de douleur d'Europe. Juifs et nègres ont
tous deux été pendant de longs siècles victimes
d'une oppression constante. Les idées libérales
du dix-neuvième siècle les ont émancipés tous
deux en leur octroyant l'égalité politique sans
leur conférer de ce fait l'égalité sociale. Au point
de vue matériel leurs chances furent donc
égales ; mais tandis que les Israélites issus du
sang des prophètes et des grands penseurs,
occupent aujourd'hui dans les choses de l'esprit
autant que dans les affaires financières une place
presque unique dans le monde entier, quarante

années de liberté entière passées sur cette terre où tout est ouvert à l'initiative et au génie personnel, n'ont pas suffi à la race africaine pour donner plus d'ou ou deux hommes d'élite à sa patrie d'adoption.

Diverses mesures ont été proposées pour résoudre la question de la race noire. Pour conserver aux blancs l'hégémonie dans le Sud, d'aucuns voudraient modifier le fameux amendement XV, dans ce sens que le droit de vote des nègres serait à délimiter par les États respectifs (1). Cette mesure aurait pour résultat de donner au noir juste assez de pouvoir pour ne pas le rendre dangereux, mais ce qui est certain, c'est qu'il ne se laisserait pas dépouiller sans combat des droits dont il a usé pendant près d'un demi-siècle.

(1) Depuis que ces lignes ont été écrites, certains États et notamment la Louisiane, le Mississipi et la Caroline du Sud, ont, de leur propre compétence, restreint le suffrage des noirs, en stipulant comme qualifications requises, un certificat d'éducation ou la possession d'un bien foncier d'une certaine étendue. Ces dispositions s'appliquant aux deux races également, quoique formulées de manière à restreindre le suffrage des noirs, seraient, d'après leurs auteurs, en parfait accord avec la Constitution. Reste à savoir si le gouvernement fédéral sanctionnera cette manière de voir. Cette tendance ferait prévoir un nouveau système politique à l'égard des noirs, système en tous cas préférable aux violences mises en usage jusqu'à ces dernières années pour atteindre le même but.

On a proposé, d'autre part, le rapatriement des nègres en Afrique. Si cette mesure était praticable, le gouvernement de Washington ne devrait rien épargner pour la mettre à exécution. Mais, en dehors des frais et des difficultés inouïes qu'exigerait la déportation de tout un peuple, les noirs ne voudraient pas en entendre parler. Pour les petits-fils des esclaves, qui eux sans doute auraient accepté avec joie de retrouver une patrie plus sympathique à leur simplicité, cet exode ne serait rien moins qu'un retour à la barbarie. Ils accepteraient plus facilement de s'établir à Cuba, ou dans quelque autre des ci-devant possessions espagnoles, mais on ne saurait s'arrêter sérieusement à cette idée, dont la réalisation serait désastreuse pour les populations latines de ces régions.

D'ailleurs, il y a, contre ces mesures, des raisons d'ordre économique très importantes. L'émancipation des esclaves n'a pas beaucoup modifié les conditions d'existence et la répartition du travail dans les États du Sud. Les nègres continuent les travaux des champs, car les blancs sont trop débilités par le climat pour être aptes à les entreprendre. L'élimination de l'élément noir équivaudrait pour le *farmer* de ces régions au manque subit de la main-d'œuvre et de la domesticité.

On a proposé aussi de refouler les noirs dans les districts où ils sont déjà en majorité, et de leur en abandonner alors l'administration. Là aussi il faudrait agir avec le plus grand discernement, autrement on risquerait de travailler à la création d'un seul « État noir », justement redouté en Amérique. Mais il paraîtrait que plusieurs « États noirs », sur lesquels s'exercerait naturellement aussi le contrôle fédéral, taillés au milieu du Sud, ne se touchant pas, et ne touchant pas à la mer, seraient un moyen efficace pour la pacification des deux races.

La vérité ne se trouve que rarement dans les mesures extrêmes, et peut-être qu'une combinaison des trois projets précités serait la meilleure politique à suivre. Il est, en tous cas, ardemment à souhaiter que l'on s'occupe sans tarder de la solution de cette question. Il serait étrange que les Américains qui rient de nos questions nationales ne vinssent pas à bout de la seule question de race qui leur cause des difficultés.

QUESTION MONGOLE

L'immigration chinoise a failli devenir un danger pour l'Ouest, au point de vue économique, car tandis que les noirs, si nombreux, loin de porter préjudice aux intérêts économiques des blancs, ont plutôt aidé à augmenter leurs richesses, l'élément mongol, par son travail à vil prix excluant toute concurrence, a porté un préjudice réel aux intérêts américains. La situation était encore aggravée par le fait que le Chinois qui ne veut pas dormir de son dernier sommeil sur la terre étrangère, ne manque pas de rentrer dans sa patrie avec le produit de ses économies. Si la question en elle-même a perdu toute actualité par l'interdiction décrétée contre l'immigration chinoise, il est intéressant de constater que la très libérale République n'a pas hésité à la résoudre par la force, au lieu de l'abandonner à la libre concurrence. Cette circonstance devrait, semble-t-il, la rendre plus indulgente envers d'autres grands États qui, dans une situation analogue, ont eu recours aux mêmes moyens.

CHAPITRE IX

LE CANADA

Situé comme il l'est, sur les confins des États-Unis, desquels seule une frontière qu'aucune accidentation géographique ne précise, le sépare, le Canada devait, dès les débuts, occuper une place spéciale dans l'attention du peuple américain. Il représente aujourd'hui tout ce qui reste de la domination britannique sur le continent de l'Amérique septentrionale : d'une étendue presque égale au territoire des États-Unis, il ne compte cependant qu'environ cinq millions et demi d'habitants, dont 1,700,000 à peu près sont de race française, et le reste d'origine anglaise (1).

Le pays, plus restreint alors et appelé « Nouvelle-France » avait été cédé à la Grande-Bretagne en vertu du traité de Paris de 1763, et le cabinet de Versailles ne songeait pas à regretter

(1) On a vu plus haut que l'élément franco-canadien émigré aux États-Unis compte environ un million d'âmes.

une colonie couverte la moitié de l'année de neiges et de glaces. Le « Québec Act » de 1774 garantit aux Français le libre exercice de leur culte, et le « Canada Act » de 1791 divisa le pays en deux provinces du Haut et du Bas Canada, dont la seconde reçut un gouvernement entièrement français. Cette loi cependant, sans satisfaire les Français, ne réussit qu'à provoquer le mécontentement de l'élément anglais déjà plus considérable, et ce dernier ayant acquis la haute main, les deux provinces furent de nouveau réunies, en 1840, sous un gouvernement central.

La tentative d'anglicisation déguisée qu'impliquait la loi d'union eut pour effet immédiat de déchaîner sur le pays les luttes civiles. On crut y mettre fin en rendant au français, par un article additionnel, sa qualité de langue officielle dans certaines parties du pays. Mais ces demi-mesures ne furent point jugées suffisantes, et de nouvelles dissensions firent avorter tout le système.

LA CONSTITUTION DE 1867

Le gouvernement de Londres, qui savait profiter des leçons de l'histoire et en était venu, à cette époque, à considérer avec résignation la sécession possible de toutes ses colonies, grâce à la politique préconisée par le parti libéral, prit alors une mesure généreuse qui apporta un changement radical aux choses du Canada, et s'assura ainsi une domination paisible sur sa grande colonie. Par la promulgation du « British North American Act » ou Dominion Act », en 1867, le Canada entrait dans une nouvelle phase de son histoire, et recevait de la mère-patrie une constitution qui en faisait un État semi-souverain.

Avec une largeur de vues que l'histoire a confirmée comme étant de la plus haute sagesse politique, la loi organique de 1867 visait deux buts qui se confondaient dans la même politique d'apaisement. Pour que les coloniaux anglais ne fussent pas tentés de suivre, à l'égard de l'Angleterre, l'exemple que leur fournissaient leurs voisins du sud, on s'efforça de rendre aussi peu onéreux que possible les rapports qui reliaient la colonie à la couronne britannique, en laissant à l'administration provinciale des attributions quasi-souveraines. Pour apaiser l'élément français, les provinces d'Ontario et de Québec furent définitivement séparées et la parité de droits de

la langue française, officiellement reconnue.
Sous l'égide de cette constitution, « la Dominion
du Canada », car tel s'est, dès lors, intitulé le
pays, a fait des progrès constants dans la voie
de la civilisation, et a joui d'une ère de paix
qu'elle n'avait pas encore connue.

Par la manière magistrale dont elle sut résoudre la question des races, elle mérite une
considération presque égale à la loi fondamentale des États-Unis, qui n'eurent guère à s'occuper de pareils problèmes.

D'après la Constitution, un gouverneur général
résidant à Ottawa, nommé à vie par la couronne,
généralement quelque grand seigneur anglais,
est revêtu des fonctions de chef de l'administration coloniale. Ses attributions ressemblent
plutôt aux prérogatives du roi constitutionnel
d'Angleterre, qu'à celles du président de l'Union
américaine. Le gouverneur général a le droit
de *veto*, rarement exercé d'ailleurs, sur toutes
les lois coloniales qu'il peut considérer comme
nuisibles aux intérêts de l'empire. Cette dignité
représente, avec la nomination des sénateurs
canadiens par la couronne, et l'obligation pour
la colonie de ne traiter avec aucune puissance
autrement que par la voie hiérarchique du

Foreign-Office, les seuls vestiges de suzeraineté que le gouvernement anglais ait conservés. Par contre, les Canadiens ont droit d'appel devant le conseil privé du roi, et le droit absolu d'être défendus par la mère patrie en cas de danger.

La législation du Canada consiste en deux Chambres fédérales et en diverses représentations provinciales. Le parlement central d'Ottawa a un cabinet taillé sur le modèle anglais, un Sénat, dont le roi nomme les membres sur l'avis du gouverneur général, et une Chambre des représentants élue par suffrage universel. Cette assemblée peut voter des lois pour toutes les affaires d'un intérêt général pour la colonie. Les plus importantes sont les questions de commerce, des postes, des chemins de fer, de la défense nationale, des pêcheries, etc. Les questions de race ayant perdu leur intensité, ont été reléguées à l'arrière-plan dans les discussions parlementaires, par les questions économiques, qui ainsi qu'aux États-Unis priment tout dans l'attention du public. La vie politique se meut comme dans ce dernier pays, dans deux grands partis, conservateur et libéral, dont la dénomination, souvent peu justifiée, a été importée d'Angleterre.

Les diverses provinces sont administrées par des lieutenants gouverneurs, relevant du gouvernement fédéral et des assemblées provinciales. Ces dernières se composent dans les provinces de Québec et d'Ontario, d'un Sénat et d'une Chambre des députés, et dans les autres d'une seule Chambre des représentants. Enfin les municipalités jouissent elles aussi du *self-government* le plus étendu ; c'est, d'ailleurs, assez naturellement, dans la province presque entièrement anglaise d'Ontario, que le régime s'est le plus développé.

Dans son ensemble, la Constitution canadienne offre de nombreuses analogies avec celle de Washington, toutes deux créant la fédération d'États différents sous un régime central. Cependant la loi organique de 1867 a, outre des dispositions très différentes au sujet du chef de l'administration, réglé d'une tout autre manière les rapports des États particuliers avec le gouvernement central. Ils sont demeurés au Canada, de vraies provinces, dépendant entièrement d'Ottawa ; et tandis qu'aux États-Unis les différents États ont conservé tous les droits qu'ils n'ont pas expressément délégués à l'État fédéral, c'est le principe inverse qui est à la base de la

Constitution canadienne, celle-ci ne reconnaissant aux provinces que les prérogatives que le gouvernement central leur a conférées de son plein gré.

RAPPORTS ENTRE ANGLAIS ET FRANÇAIS

Les deux races qui habitent le Canada jouissent, depuis l'inauguration du nouveau régime, d'une égalité parfaite. Il ne devait pas être aisé cependant de supprimer les dissensions existant entre Français et Anglais depuis des siècles. Cette difficulté était encore augmentée par un passé de politique intolérante, qui avait aigri l'élément français et surtout par le fait que les deux races dont il s'agissait d'assurer la bonne harmonie, égales au point de vue de la culture intellectuelle, et presque égales en nombre, habitaient des districts qui restaient enchevêtrés les uns dans les autres par le manque de frontières naturelles, comme les territoires allemands et tchèques de la Bohême. On sera donc considérablement étonné en ne trouvant dans la Constitution canadienne aucune ordonnance bilingue ni aucune autre stipulation spéciale pour régler les rapports de ces deux races ; mais on mit si bien en pratique la thèse de leur parité absolue, que le Français du Canada est devenu un des plus puissants soutiens de la domination britannique.

Les actes officiels sont publiés dans les deux langues, les villes et districts français se gouvernent entièrement à leur guise et les lois de l'ancienne monarchie française, la coutume de Paris, le Code Napoléon sont encore en vigueur pour toute matière civile. Pour la juridiction pénale, il fallait bien un code uniforme et l'on adopta la loi d'Angleterre. L'éducation est entièrement abandonnée aux soins des administrations provinciales et municipales. Le gouvernement central se borne à veiller à ce que Français et Anglais, catholiques et protestants bénéficient d'une instruction conforme à leur langue et à leur foi. La connaissance de l'anglais n'est point obligatoire, le pays mixte est divisé en districts scolaires distincts, et même dans ceux-ci, la plus infime minorité peut exiger d'avoir une école séparée. Il en est de même pour les cultes, qui jouissent chacun d'une indépendance absolue. Même dans la milice, quoique la langue de commandement soit nécessairement

14

l'anglais, aucun conflit de races ne semble plus surgir aujourd'hui, et ce n'est pas peu dire.

La patrie de ces deux races, si différentes, mais également fières toutes deux de la nation canadienne, a été gouvernée de fait pendant les dernières années par un homme d'État éminent, dont le nom français précédé d'un prénom anglais semble personnifier l'Union heureusement établie. Sir Wilfrid Laurier, président du conseil à Ottawa, a beaucoup contribué à l'édification d'un état de choses que les plus optimistes n'eussent point osé rêver. Partout se retrouve l'influence pacifiante de sa haute personnalité politique. Il a voulu, dans le conseil, faire une part égale aux deux éléments qui y entrent par des combinaisons parfois assez étonnantes. Ainsi c'était une coalition de bleus français ultra catholiques et de puritains anglais qui, il y a quelques années, détenait le pouvoir central à Ottawa.

On ne saurait mieux caractériser la situation qu'en rappelant le discours que prononça un jour le maire de Québec à l'occasion de l'inauguration du monument de ce Champlain, qui découvrit le Canada. L'orateur, en terminant, exhortait le peuple canadien à se montrer toujours digne de la France à laquelle il doit le jour, et de l'Angleterre à laquelle il doit son développement prospère. Quelle union imprévue par l'histoire! Les fleurs de lys bannies du pays sur lequel elles régnèrent si longtemps reparaissent unies au lion britannique dans les armes de la ville de Québec!

LES CANADIENS FRANÇAIS

Mais il est temps de s'arrêter un instant à ce peuple si intéressant des Français du Nouveau-Monde qui forment un élément de première importance pour l'avenir de tout le continent.

Du Saguenay à l'Ottawa c'est le français qui est en usage, et l'anglais est compris tout au plus des maires et notaires de village. Les Canadiens français, qui dans la province de Québec forment les cinq sixièmes de la population, sont laborieux et paisibles; la criminalité est très rare, et les familles nombreuses si fréquentes parmi eux, semblent propager l'influence de la race; la province d'Ontario fondée par des loyalistes américains est en train de la subir. Agriculteur et très conservateur, le Canadien français ne porte toutefois guère ombrage à son compatriote d'origine anglo-saxonne, à qui il abandonne volontiers le commerce.

La langue usuelle a un accent très particulier et contient de nombreuses expressions surannées aujourd'hui en France; de nombreux anglicismes s'y sont glissés, comme d'autre part dans certains districts où l'influence française a dominé, l'inverse a eu lieu, maint nom propre français révèle encore son origine anglaise. Si le langage parlé paraît à l'étranger un dialecte quelquefois méconnaissable, la littérature du pays, par contre, s'est inspirée souvent des écrivains de la France et elle fait honneur à la mère patrie de jadis.

Le trait dominant des Canadiens français est leur attachement sans bornes au culte catholique romain. De là leurs mœurs pures, leurs nombreuse familles et l'esprit posé et conservateur qui se manifeste dans toute la vie publique et privée. Le scepticisme et les thèses abstraites, chères à la mère patrie, n'ont pas pénétré dans la colonie. Le culte de la Raison n'y a point été tenu en honneur, mais en revanche les crises aiguës qui ont bouleversé la France lui ont été épargnées. C'est une France de l'Ancien régime, une France sans Révolution que l'on a sous les yeux, et dont les abus de jadis ont été supprimés, non par un acte de violence, mais par la bienfaisante influence des éléments libéraux dont les ramifications l'entourent de toutes parts.

L'influence de l'Église s'exerce par de nombreux ordres monastiques, auxquels appartient l'administration des écoles; elle possède aussi de grandes propriétés foncières. Il ne paraît pas, cependant, que le clergé abuse de ses pouvoirs. Au contact avantageux de l'Américain, il semble plutôt s'identifier avec les nécessités modernes, et se faire pratique, ainsi que tout en Amérique. Aussi ne connaît-on point au Canada de mouvement anticlérical. Il suffira à l'étranger, pour s'en rendre compte, de passer en revue le contenu d'une des librairies de Québec ou de Montréal. Il constatera qu'une grande modération est à l'ordre du jour dans les questions religieuses.

Tout en vouant à la mère patrie un véritable attachement, la nation canadienne française ne peut comprendre, comme on l'a prévu, les idées qu'elle a adoptées après des crises qui sont restées sans répercussion de l'autre côté de l'Océan. La fille de l'Ancien régime ne peut admirer sans réserve l'œuvre de la fille de la Révolution. Aussi, même les rapprochements intellectuels de ces deux tronçons de la race gauloise sont-ils de nature plutôt platonique. Comment les deux génies nationaux, l'un conservateur et clérical imbu légèrement d'utilitarisme anglais, l'autre dogmatique et voltairien avant tout et malgré d'apparents revirements, pourraient-ils se comprendre entièrement? Ces divergences de vues doivent nécessairement s'accentuer encore davantage dans le domaine social et politique. Les hommes d'État compétents ne se font aucune illusion à ce sujet, et une politique visant à rattacher le Canada français à la mère patrie de jadis serait absolument vaine. D'après M. Pierre Leroy-Beaulieu, le Canada français refuserait d'être annexé à la France, tous ses intérêts lui dictant l'union à la « Dominion ».

LA POLITIQUE EXTÉRIEURE DU PAYS ET LES CANADIENS FRANÇAIS. — PROJETS D'ANNEXION AUX ÉTATS-UNIS.

Cet élément français est appelé à jouer un rôle important dans les relations extérieures du

Canada, mais un caprice de l'histoire veut que ce ne soit point par l'irrédentisme que l'on rencontre généralement dans des cas analogues, mais plutôt par les tendances loyalistes qui l'inspirent. Les relations étrangères du Canada présentent un caractère assez curieux. Il est naturel que ce pays, que seul un hasard de circonstances sépare de la république américaine, soit depuis longtemps l'objet des convoitises de cette puissance. La supériorité économique de cette dernière mettant d'autre part le Canada à sa merci, on ne sera pas étonné que de nombreuses voix se soient élevées de ce côté-là aussi pour réclamer l'union des deux pays et faire disparaître une ligne de démarcation qui, pour n'être pas gardée par des soldats, n'en est pas plus commode avec ses innombrables bureaux de douane. On peut donc autant parler de réunion que d'annexion, à propos de cette question que tant de gens se posent en Amérique et qu'il importe de considérer.

D'autre part, les relations établies actuellement entre le Canada et la Grande-Bretagne sont excellentes, comme on l'a vu plus haut. Tout ce qui est anglais jouit, au Canada, d'une popularité très grande, et l'attachement filial de la colonie, sans être aveugle, est très sincère, empreint même parfois de la sentimentalité impérialiste qu'a chantée Rudyard Kipling. On peut mesurer cette affection aux sacrifices d'hommes et d'argent accomplis pour la mère patrie. La Dominion n'a pas hésité à concéder aux produits anglais des taux différentiels dans son tarif douanier; elle a subi en conséquence, les représailles de l'Allemagne qui lui refusa dès lors le traitement de la nation la plus favorisée. Or, les pertes encourues de la sorte devaient être considérables pour un pays qui, comme les autres colonies britanniques, base toute son orientation financière sur son tarif douanier; de fait, sur £ 7,800,000 de recettes prévues par le budget canadien, £ 4,300,000 proviennent des droits d'importation.

Un autre exemple de ces sentiments se trouve dans la participation de nombreux contingents canadiens à la guerre de l'Afrique australe. Mais l'on vit bien à cette occasion, que l'attachement à l'Angleterre n'était point aveugle. On se rendit volontiers à l'appel de la *mother country* éprouvée par cette lutte malheureuse, car des souvenirs puissants lui rattachaient les cœurs,

et il s'agissait presque de sauver l'honneur de
la race ; mais on n'approuvait qu'avec réserve,
sur cette terre libre d'outre-mer, les projets plus
ambitieux que libéraux de la Grande-Bretagne.
Le président du conseil canadien, tout en exhor-
tant les milices à prendre part à la lutte, se trouva
dans un embarras significatif lorsqu'il s'agit de
faire l'apologie de la politique gouvernementale,
et les vagues paroles qui sortirent de sa bouche
à cette occasion, n'étaient pas de nature à dis-
siper les scrupules de ceux pour qui cette guerre
ne représentait pas exactement l'acte de justice
vanté par la presse londonienne.

Jusqu'en 1887, il y avait encore dans la province de la Nouvelle-Écosse, un parti sécession-
niste, préconisant l'annexion du Canada aux
États-Unis ; depuis lors, aucun parti officiel du
pays n'a plus inscrit cette thèse sur son programme politique. On a, au contraire, à Ottawa,
répondu mainte fois aux projets de loi (!) présen-
tés en plein Congrès de Washington, pour demander l'annexion du Canada, — manœuvre peu
diplomatique n'ayant d'autre but que de créer
des difficultés à l'Angleterre — par des contre-
projets réclamant la cession de la Nouvelle-Angleterre, à cause de la population canadienne

française qui y a émigré. La bonne entente est actuellement si bien établie entre Londres et Ottawa, que rien ne semble devoir pousser la colonie à briser les liens qui la rattachent encore à l'Angleterre.

Cependant, sans être populaire, l'idée d'une réunion à la République américaine est déjà un « lieu commun » au Canada. Pour expliquer ce fait, il faut considérer l'attitude des éléments anglais et français de la population vis-à-vis de toute tentative de ce genre. Pour l'Anglais de la colonie, les avantages politiques de l'union à la mère patrie sont en rapport avec la protection que cette dernière lui accorde ; aussi, seuls, des intérêts économiques majeurs pourraient le tenter d'accepter l'annexion à la République américaine.

Pour le Canadien français, la question se pose tout autrement. Voué à l'agriculture, il a moins à espérer d'une union avec les États-Unis au point de vue matériel, et seulement des déboires à attendre sous le rapport politique. Ses droits ne seraient plus aussi étendus qu'aujourd'hui, et ses mœurs et traits nationaux risqueraient fort de se perdre au contact de cette agglomération de près de quatre-vingts millions d'individus de race étrangère ; il sent qu'il ne saurait obtenir droit de cité au Congrès de Washington, et que le descendant paisible des hommes de l'ancien régime n'aurait pas de place au sein de cette nation démocratique et fiévreuse (1). Plus même que son compatriote anglo-saxon, le Français du Canada est donc attaché aujourd'hui à la couronne britannique, sans témoigner le moindre enthousiasme pour les projets impérialistes, et seuls de mauvais traitements sembleraient pouvoir ébranler cette loyauté.

Dans le cas d'un conflit armé entre l'Angleterre et les États-Unis, il serait difficile au Canada d'empêcher son annexion. Le pays est plus uni que jadis, grâce, en partie, aux grandes lignes ferrées qui le sillonnent en tous sens ; mais avec son manque de troupes et sa frontière ouverte, le Canada ne pourrait offrir de résistance sérieuse à une attaque venant du Sud.

Sir Charles Dilke semble donc avoir raison quand il s'étonne de ce que, tandis que l'Aus-

(1) Cette assertion n'implique pas une contradiction : Les Français canadiens vivant aux États-Unis n'y vont que pour chercher fortune et réintègrent souvent ensuite leurs foyers. Ils ne forment aucune agglomération compacte pouvant prétendre à constituer une entité politique.

tralie isolée est suffisamment pourvue de garnisons, le Canada n'a qu'une milice dont la Suisse ne voudrait pas. Aussi longtemps que ce pays sera, militairement parlant, à la merci de la République, Londres aura toujours le dessous dans tout conflit avec Washington. Il en alla ainsi dans la question des pêcheries, où l'on voit les États-Unis se posant en héritiers des droits russes, revendiquer dans la mer de Behring une souveraineté des eaux, qu'ils refusent à leur tour aux pêcheurs de Terre-Neuve.

Mais ce n'est pas par la violence, c'est par une attraction pacifique, légitimée par l'offre d'avantages matériels les plus réels, que les hommes d'État de la République préconisent l'union de tout le continent sur lequel ils prétendent régner. C'est sur l'avenir qu'ils fondent leurs espérances. Aussi, loin de chercher noise à l'Angleterre, à l'amitié de laquelle ils attachent un certain prix, est-ce par un travail assidu qu'ils resserrent de jour en jour plus étroitement les liens économiques qui rattachent le Canada aux États-Unis.

Les cabinets de Londres et d'Ottawa, pour parer à ce danger, se sont efforcés de paralyser le mouvement par des avantages jugés équivalents dans les rapports commerciaux des deux pays. Une loyauté rare a guidé le gouvernement colonial qui encourage le commerce anglais au détriment de l'américain. Mais aucune politique douanière, aucun tarif préférentiel ne peut à la longue enrayer le commerce de deux nations, et malgré ces menées officielles, le Canada demeure le meilleur client des États-Unis, qui lui livrent pour à peu près vingt-deux millions de marchandises par an, ce qui est plus que toute leur exportation dans l'Amérique du Sud et du Centre. En 1875, 50 pour 100 des importations du Canada provenaient de l'Angleterre; la fraction ne tarda pas à baisser et tomba, en 1900, malgré les taux préférentiels, à 25 pour 100. D'autre part, les États-Unis qui vendirent, en 1875, au Canada, des marchandises équivalant aux 42 pour 100 de ses importations, lui en fournirent, en 1900, les 60 pour 100, ce qui revient à dire qu'en moyenne chaque Canadien consomme pour cinq dollars de provenance américaine par an.

En dehors du recul général qu'a subi, dans la dernière décade, le commerce de l'Angleterre, la proximité et les goûts souvent identiques des deux nations donnèrent, dès le début, aux industriels américains, un grand avantage sur la concurrence britannique. Puis les capitaux américains ont été versés à flot ces dernières années dans les grandes entreprises de la « Dominion ». C'est grâce à ceux-ci que les ressources minières du pays, les chemins de fer, etc., ont pu être créés et développés.

Ainsi donc, si l'annexion politique du Canada ne paraît pas devoir se faire de sitôt, il est permis d'escompter pour un avenir assez prochain, son union économique avec les États-Unis.

Cependant des voix s'élèvent, de plus en plus nombreuses, pour proclamer qu'il serait dans l'intérêt même du Canada de demander l'annexion, par laquelle, libéré des scrupules qui lui viennent d'une loyauté exagérée, il pourrait enfin bénéficier d'un développement normal. D'aucuns voudraient même provoquer, par des mesures plus énergiques, un revirement de l'opinion publique du pays, qu'ils jugent trop détaché de ses légitimes intérêts. M. André Carnegie n'a pas craint de proposer que les produits canadiens fussent frappés de droits plus élevés que ceux du tarif actuel, afin d'amener le Canada à former avec la République une union douanière dont il espère sa prospérité; il ajoute que son projet n'a point été conçu *in dislike of Canada, but for love of her*.

AMÉRICAINS ET CANADIENS

Il serait prématuré de prédire dès aujourd'hui si l'union préconisée serait à tous égards d'un avantage véritable pour la « Dominion ». A côté de nombreux traits communs, les Américains et les Canadiens présentent aussi de grandes différences de caractère. On ne les remarque toutefois pas au premier abord, et le voyageur comparant les deux pays, reste frappé de la conformité d'aspect que la vie y présente. Le même ordre systématique y règne, dépourvu à l'extérieur d'élégance et de sens esthétique. Dans les hôtels des deux pays, on mange la même nourriture peu délicate arrosée d' « ice water », les boissons alcooliques étant généralement reléguées aux « bars ». Les villes ont, pour la plupart, le même aspect de monotonie triste avec leurs rues régulières et numérotées. Les mœurs s'y ressemblent aussi infiniment, et les deux nations, que rapproche d'ailleurs une réelle sympathie, s'intéressent également, en dehors de leurs affaires matérielles, à ces questions sociales pour lesquelles l'entendement semble souvent faire défaut ailleurs.

Mais l'observateur devra reconnaître que dans toutes ses idées, le Canadien est plus conservateur, plus paisible, plus « arriéré » si l'on veut, que le citoyen des États-Unis. L'influence de l'élément français, ancien régime, et les traditions non interrompues avec la couronne britannique ont dû agir dans ce sens sur la formation du caractère de la nouvelle nation. Les idées démocratiques et la fièvre du travail n'y ont jamais régné avec la même intensité. On est surpris en considérant les richesses du Canada, du petit nombre de gens qui en profitent; l'immigration y a toujours été assez faible; ce fut le cas même dans les années les plus prospères. Aujourd'hui encore, 85 pour 100 des Canadiens sont nés dans le pays. Le gouvernement semble, d'ailleurs, préférer cette colonisation plus lente mais formée d'éléments solides, à l'établissement rapide d'éléments plus incertains.

La vie politique au Canada est restée plus

pure qu'aux États-Unis, par le fait que les classes les plus élevées ne se sont pas désintéressées de l'administration du pays. Aussi les hautes fonctions gouvernementales y sont-elles tenues en honneur. La vie canadienne est plus stable, parfois mieux équilibrée, mais aussi moins énergique, moins puissante que celle de l'Union ; elle est encore à demi européenne.

CONSIDÉRATIONS GÉNÉRALES

Le régime de paix intérieure, inauguré au Canada, peut à bon droit être cité comme l'un des plus grands triomphes de la politique anglaise. Il est facile de prévoir ce que deviendrait cet édifice politique, si l'on tentait sur lui les expériences que réclament les jingoïstes. Déjà, lors du voyage récent du prince de Galles dans la colonie, un vif mécontentement éclata parmi les sujets de langue française de Sa Majesté britannique, quand on apprit que l'héritier du trône avait été amené à répondre en anglais à l'allocution d'une députation française. D'autre part, les Canadiens français montrèrent peu d'enthousiasme à prendre les armes contre les

Boers; en considérant la nouvelle direction que
M. Chamberlain semblait vouloir imprimer à
la politique coloniale, ces gens simples se sont
demandé sans doute ce que l'on exigerait d'eux
si un conflit éclatait entre la Grande-Bretagne
et la France.

L'empire britannique a trop de points vulné-
rables dans ses nombreuses colonies pour qu'une
politique impitoyable puisse lui jamais réussir,
et ceci est surtout vrai quand il s'agit du Canada.
Des gens compétents affirment que des mesures
impérialistes visant la sécularisation des biens
de l'Église, ou portant atteinte d'une autre
manière à l'autonomie des Canadiens français,
seraient des raisons suffisantes pour entraîner
l'annexion de ce pays à l'Union. Cette éventualité que l'on repoussait avec horreur il y a si peu
de temps encore, aurait, paraît-il, gagné du terrain récemment, et plutôt que de se voir frustré
de ses droits actuels, le Canada français se résou-
drait à entrer dans le sein de la République.

Mais l'Angleterre, dont la politique coloniale a
été couronnée de succès, précisément parce
qu'elle a laissé à ses colonies une quasi-souve-
raineté, et qui en a retiré de nombreux bénéfices matériels, ne peut être assez aveugle pour

échanger cette politique contre un régime qui ne lui promet que des déboires. On peut donc supposer que les froissements subis ces derniers temps par les Canadiens, ne sont qu'un mal temporaire, et que l'orientation politique du cabinet de Saint-James ne sera pas modifiée.

Au demeurant, si un jour il advenait que, malgré la sage politique de l'Angleterre, une union entière ou partielle se contractât entre le Canada et la République américaine, cet événement ne présenterait pas alors nécessairement, pour l'Angleterre, les mêmes dangers que s'il s'agissait de la révolution d'une colonie mécontente. Qui peut prédire que ce jour-là ne sera pas le signal de la réunion totale des divers tronçons de la race anglo-saxonne?

LA TERRE-NEUVE

L'île de Terre-Neuve, colonie jadis française, a refusé jusqu'ici d'entrer dans la confédération canadienne. Le traité d'Utrecht garantissait aux quelques pêcheurs français disséminés alors en ces parages, le libre usage du « French shore ». Cette stipulation, encore en vigueur aujourd'hui, paraît fort onéreuse à la population anglaise de l'île, qui y est en majorité maintenant, car elle l'oblige à abandonner ainsi quelque trois cents milles de ses côtes à l'étranger. L'Angleterre, pour qui cette question était un point sensible, s'est vue jusqu'à présent dans l'impossibilité de soutenir ses revendications sans encourir le danger d'un conflit international. Les habitants de l'île le savent si bien, qu'ils ont depuis longtemps pris l'habitude d'adresser leurs plaintes à Washington, espérant plus de succès d'une intervention d'un État libre d'entraves internationales.

Il se pourrait donc que la Terre-Neuve fût un jour annexée à l'Union, et ce serait là un puissant atout dans le jeu de l'Amérique. Située sur la voie maritime qui conduit de Saint-Laurent à Liverpool, la Terre-Neuve deviendrait alors le bastion le plus avancé vers l'est de la domination américaine.

CHAPITRE X

L'AMÉRIQUE ESPAGNOLE

Les vastes territoires qui s'étendent du Rio-Grande à la Terre de Feu, appartiennent encore, sauf quelques rares exceptions, aux deux races ibériques. La population de l'Amérique du Sud et du Centre, peut être évaluée à quelque soixante millions d'individus, dont quarante-cinq millions habitent les pays de langue espagnole, et quinze millions environ la grande colonie portugaise de jadis, le Brésil. Dans tous ces États, la race métissée domine, les créoles de sang européen pur forment la minorité, et enfin l'élément aborigène pur est plus ou moins nombreux suivant les contrées. Il est intéressant de comparer à ces données les chiffres des derniers recensements effectués en Espagne et en Portugal, d'après lesquels la population des deux pays se trouvait être de dix-neuf mil-

lions et de cinq millions et demi respective-
ment (1).

L'Amérique espagnole est, au même titre que
le Canada, liée aux destinées de la république des
États-Unis; il importe, par conséquent, de considérer les relations déjà établies, et celles que
l'avenir peut faire naître entre les deux territoires. L'Amérique espagnole, d'après les chiffres
mentionnés plus haut, devrait être de taille à se
mesurer haut la main, politiquement et écono-
miquement parlant, avec la république anglo-
saxonne. Mais, de fait, elle se trouve, vis-à-vis de
celle-ci, dans un état d'infériorité que le nombre
de ses ressortissants ne suffit point à expliquer.
En effet, les Hispano-Américains égalent environ
les trois quarts des Anglo-Américains et forment
un élément aussi homogène que ces derniers;
de plus les territoires qu'ils habitent sont plus
vastes et possèdent des richesses naturelles plus
grandes que les États-Unis du Nord.

(1) Le Mexique est généralement considéré comme faisant
partie de l'Amérique du Nord. Il semble cependant plus
logique, tant au point de vue politique qu'ethnographique et
économique, de faire rentrer ce pays dans l'Amérique Centrale.
L'Amérique « espagnole » sera le terme vague dont on se servira,
faute d'en trouver un meilleur, pour désigner tout le territoire
des Amériques du Centre et du Sud.

L'infériorité de la race hispano-américaine est due à une fâcheuse coïncidence de conditions physiques et morales.

Kidd (1), dans un livre qui fit quelque bruit, a émis la théorie qu'une race européenne ne peut habiter des territoires tropicaux pendant plusieurs générations sans dégénérer ; il attribue le fait que les colons anglais de ces parages n'ont point, en général, eu à subir cette influence pernicieuse, à leur habitude de ne jamais s'y fixer définitivement avec leurs familles, celles-ci continuant le plus souvent de résider dans la mère patrie. Cette thèse, dont l'exactitude reste encore à prouver pour certaines parties de l'Australie et d'autres colonies britanniques où les colons se sont tout à fait établis, semble entièrement confirmée en ce qui concerne les ci-devant colonies de l'Espagne et du Portugal. Il est hors de doute que le climat débilitant des zones tropicales de l'Amérique du Centre et du Sud, a contribué à amollir les descendants des anciens colons, et même, à un moindre degré, les métis.

En même temps, l'abondance de richesses

(1) KIDD, *Control of the tropics.*

naturelles que possédait ce sol si fertile n'a point exercé sur le développement de la race un effet salutaire. Après les dures années des premières conquêtes, les colons se trouvèrent, souvent sans coup férir, en possession des denrées alimentaires les plus importantes, d'une partie très considérable de l'or du monde. La vie facile, le sol fertile, la végétation et les minerais, n'exigèrent pas, comme aux États-Unis, une lutte opiniâtre contre la nature. Or, la vie sans labeur amollit le meilleur élément humain ; la période de colonisation, qui fut pour l'Anglo-Saxon du nord une école excellente, n'eut point sur le Latin du sud la même influence salutaire.

Puis le mélange constant entre conquérants et conquis devaient certainement agir aussi d'une manière démoralisante sur la formation de la race. Il n'est point nécessaire de prouver ici l'infériorité d'une race métissée vis-à-vis d'une race pure, et les Hispano-Américains sont en grande partie, le produit de croisements avec les aborigènes. Le Latin ne répugnait pas à ce mélange de sang divers, et à cet égard, l'Américain métissé du sud est un animal humain bien inférieur au Yankee. Quant aux théories trop souvent émises ces derniers temps d'une infériorité de race inhérente aux Espagnols, elles ne méritent pas de considération. Dans des circonstances normales, les descendants purs des conquistadores auraient été, sans doute, à tous égards, des hommes de valeur.

Cependant, ce que les races différentes sont devenues, elles en sont redevables principalement à elles-mêmes. On l'a vu pour les Américains du nord. Le milieu dans lequel une race se développe, les idées qu'elle accepte, les institutions qu'elle se donne, ont sur la formation du caractère une influence aussi dominante que les conditions physiques. Le régime colonial que l'Espagne imposait à ses colonies ne pouvait avoir sur leur développement qu'un effet pernicieux. On pratiquait, au point de vue politique, un système d'exploitation sans frein. Dans toutes les colonies espagnoles une loi déclarait « créole » et par là, *eo ipso*, inférieur, tout individu né aux colonies, fût-il même issu de père et mère espagnols, et comme tel le créole ne pouvait aucunement participer aux affaires publiques. Cette institution, aussi absurde qu'inique, réservait les honneurs et les richesses des colonies aux personnages de la péninsule distingués par le cabinet de Madrid, qui pouvait ainsi en user comme d'une arme politique puissante. Son premier effet, cependant, fut d'augmenter considérablement aux colonies le nombre des mécontents, jusqu'à les rapprocher même, dans leur détresse, de la race autochtone. D'autre part, les restrictions imposées au commerce dans les colonies, dont le seul attribut économique devait être d'augmenter les richesses de la mère patrie, n'étaient pas sans exercer une influence fâcheuse sur leur sort.

Mais de toutes les influences morales qui agissent sur un peuple nouveau, de toutes les idées qui peuvent façonner en quelque sorte, son âme même, pour le bien ou pour le mal, aucune n'a jamais été plus puissante que les idées religieuses. Si la civilisation moderne a réalisé des progrès gigantesques dans les domaines les plus divers de la morale et de la science, on ne saurait contester que le christianisme et les religions qui s'en rapprochent y ont eu leur part prédominante. Or, par une cruelle ironie, les bienfaits du christianisme furent ignorés sur la terre espagnole d'outre-mer, où la religion de la plus sublime douceur ne trouva comme interprètes que des sectaires impitoyables, indignes d'elle. C'est par des moyens que l'on ne conçoit plus de notre temps, que l'on voulait faire rentrer dans le giron de l'Église les âmes récalcitrantes. L'Amérique offrait, avec sa population aborigène, un champ d'activité tentant pour l'Inquisition, qui s'y établit et y régna en maîtresse absolue avec son cortège de prêtres et de moines, faibles humains pour qui, malgré des intentions sans doute souvent louables, les richesses du pays devaient fatalement devenir une pierre d'achoppement. Les cours de Madrid et de Lisbonne encourageaient cet état de choses au lieu d'y opposer un contrôle efficace, et l'administration entière des colonies espagnoles et portugaises ne tarda pas à tomber entre les mains de ceux qui auraient dû s'occuper exclusivement de la direction des âmes. Il s'ensuivit un régime de terreur et de corruption qui eut les suites les plus néfastes sur les destinées de l'Amérique espagnole, et quand, après de longs siècles d'oppression, les colonies profitèrent des embarras de la mère patrie, au commencement du siècle passé, pour secouer son joug détesté, il était trop tard ; cette population, dont le sort avait été si longtemps livré à un pouvoir arbitraire, avait perdu le goût du travail, et s'adonnait à une vie trop facile. Tout élément énergique et capable de servir de fondement aux nouvelles républiques désormais indépendantes, avait été depuis longtemps étouffé par le régime administratif en vigueur, et elles ne surent ni profiter en paix des biens de la terre enfin reconquise, ni en laisser la libre jouissance à autrui.

Ainsi, trop de bien-être et un climat débilitant avaient prédisposé la race hispano-américaine à l'indolence, et avaient de ce chef décidé de son impuissance. Mais ce qui l'a réduite à l'état moral pitoyable dans lequel elle se débat vainement, aujourd'hui, ce sont des siècles de politique coloniale erronée, des siècle de régime clérical espagnol. La dure école puritaine a fait éclore, sur un sol souvent aride et sous un ciel brumeux, la liberté et la majesté du travail, si bien que l'Amérique du Nord en est devenue le foyer le plus intense, et le centre des plus grandes richesses créées par le génie de l'homme, tandis que la règle impitoyable qui condamne toute initiative comme venant du Malin, n'a su aucunement augmenter les richesses naturelles des plus belles contrées du monde, dépouillées déjà par l'égoïsme de leurs maîtres, d'une partie de leur valeur.

RELATIONS AVEC L'ESPAGNE

On ne sera pas étonné après cela de constater que l'Espagne est aujourd'hui encore exécrée dans toutes ses anciennes colonies. Un siècle d'indépendance n'a point suffi pour atténuer un ressentiment si fondé.

Aucune statue de Colomb ou de Cortès n'orne aujourd'hui la ville de Mexico, pour rappeler aux générations à venir, l'inauguration de la civilisation chrétienne sur cette terre du Nouveau-Monde. A la place d'honneur, sur une des plus belles de la ville, se dresse fièrement un monument érigé au dernier prince indien. L'inscription laconique en dit assez sur la politique espagnole : *A Quantemoc y a los Guerrerios qui combatieron heroïcamente por su patria* — 1521. Quelle gloire pour ce guerrier malheureux qui ne fit que son devoir, pour ce chef indigène probablement alors méconnu, et dont le sort tragique ne fit guère couler de larmes, de se voir dédier quatre siècles après sa mort, dans sa propre capitale, une inscription espagnole, par les petits-enfants de ses bourreaux !

Et cependant, à tout prendre, ce beau pays, réputé digne jadis de l'appellation de Nouvelle-Espagne, avait peut-être moins que les autres colonies à se plaindre de la cour de Madrid. Mais la haine féroce n'en a pas moins subsisté. Les manuels d'histoire employés dans les écoles publiques du Mexique sont écrits dans le même esprit. Les dynasties aztèques y sont considérées comme les premières du pays, et l'ère espagnole comme une tache honteuse effacée par la Révolution qui rendit au pays son antique liberté.

Si cette haine de l'Espagne est commune à toutes les républiques de l'Amérique australe et centrale, au point que lors de la guerre avec les États-Unis, pas une voix ne s'éleva pour prendre la défense de l'ancienne mère patrie, elle atteint son paroxysme dans ces quelques îles qui étaient, il y a quelques années encore, des colonies espagnoles. Le 1er janvier 1899, se passa, à la Havane, une scène historique bien curieuse, pour célébrer le dernier acte de la domination mondiale de cet empire sur lequel jadis le soleil ne se couchait jamais. On hissa, pour la dernière fois, l'étendard de Sa Majesté Catholique sur la vieille forteresse où il avait flotté si longtemps, pour l'abaisser ensuite et le remplacer, aux acclamations frénétiques de la population cubaine, par un autre drapeau, emblème d'une ère nouvelle. Mais c'était la bannière étoilée de l'Union! Et à ce moment-là, le cabinet de Washington eût été fort embarrassé de devoir déclarer ses vues sur la Perle des Antilles. Cette note discordante passa cependant inaperçue dans l'enthousiasme général. Un journal cubain, en rendant compte de la fête, remerciait le ciel d'avoir fait luire le jour où enfin fut abolie de l'île la tyrannie qu'y apporta, cinq siècles auparavant, un aventurier gênois sans scrupules!

En lisant ces lignes, on croirait rêver! C'était donc ainsi que ce peuple chrétien rendait hommage à la mémoire de Christophe Colomb! Un peuple peut-il, même par suite des plus cruelles souffrances, oublier à ce point son origine, son passé de gloire, tout ce qui l'a rendu fort et donné du prix à son existence, ses idées, ses traditions, sa langue et sa foi? La race hispano-américaine par ses éléments dominants est d'origine latine assez pure et essentiellement latine dans l'âme; mais, plutôt que de se solidariser d'une manière quelconque avec la mère patrie exécrée, elle s'identifie aux Peaux-Rouges,

prête à renier l'origine de toute son espèce.
Pour avoir provoqué un état d'esprit si navrant,
il a fallu vraiment des prodiges de cruauté et de
maladresse. La politique de l'Espagne y est par-
venue. De tous temps, les colonies ont été
exploitées par les États qui les fondèrent; ni
l'Angleterre, ni la France n'ont fait preuve vis-à-
vis des leurs d'une trop grande douceur; mais
ce qui s'est passé dans les colonies de l'Espagne
demeure unique dans les annales de l'histoire.
Aux plus dures périodes de l'oppression britannique dans l'Amérique septentrionale, on res-
pectait cependant les originesde la race, et l'on
chercherait en vain sur les places publiques des
États-Unis et du Canada, une statue de chef
indigène.

LE PANHISPANISME

Tout projet de panhispanisme pêche donc
par la base et demeurera toujours chimérique.
Comment les Espagnols et les Portugais des
deux rives opposées de l'Atlantique pourraient-
ils jamais s'unir, quand une haine si profonde
les sépare? Une coopération quelconque entre

eux supposerait l'existence d'une sympathie même passive, qui fait totalement défaut.

On conçoit fort bien qu'un patriotisme sincère ait songé à opposer à la force anglo-saxonne une ligne panibérique, et en ce temps de groupements nationaux, les aspirations de l'humanité tendent à des associations gigantesques. Mais si les origines sont communes, les intérêts ne le sont plus du tout. Pour réussir, une grande unification nationale doit, ainsi que c'est le cas pour l'Allemagne moderne, posséder des intérêts économiques généraux et s'inspirer d'un idéal de race que les armes réunies aident à atteindre. Or, l'Espagne n'a plus avec ses anciennes colonies de communauté d'intérêt quelconque dans le domaine de l'économie publique.

UNION DES RÉPUBLIQUES DE L'AMÉRIQUE DU SUD ET DU CENTRE ENTRE ELLES

L'idée d'une union de tous les Espagnols doit donc être écartée, mais la question se pose de savoir s'il ne serait pas possible aux États de l'Amérique centrale et australe de former, à eux seuls, une ligue capable de tenir tête à l'invasion économique qui les menace de toutes parts.

Jadis frères d'infortune, ces pays ont aujourd'hui plus d'un intérêt politique et économique analogue. Peut-être, dans des circonstances plus favorables, cette idée pourrait être réalisée, mais maintenant, devant la puissance croissante de l'Anglo-Saxon, cette combinaison paraît avoir germé trop tard. Les Hispano-Américains, d'ailleurs, loin d'éprouver les uns pour les autres, une affection fraternelle que l'oppression commune aurait dû encore affermir, se détestent cordialement, et ces haines de famille sont les plus implacables. Dès le début, l'état de guerre a été à peu près permanent entre ces républiques, qui ont acquis leur liberté trop tard et ne savent point en user avec sagesse. Seuls, des princes énergiques, dont l'auréole planerait au dessus des intérêts mesquins, seraient peut-être de force à mener ces malheureux pays dans la voie du progrès. Un président dictateur tel que Porfirio Diaz, a bien su prouver pendant son « règne » de près de vingt ans, que la race hispano-américaine est susceptible d'un certain développement. Mais le principe monarchique en lui-même est exécré à cause des tristes souvenirs qu'il évoque dans toute l'Amérique latine, et les hommes de la trempe du président de la république mexicaine sont rares.

C'est un cercle vicieux sans issue. Les républiques hispano-américaines n'ayant pas de classes dirigeantes établies par les traditions et manquant d'hommes d'État véritables deviennent la proie d'agitateurs, d'hommes de parti sans conviction qui n'ont d'autre ambition que de se maintenir au pouvoir; or, pour l'usurpateur, il n'y a pas d'autre moyen de conserver sa position, que de chercher dans la gloire des guerres extérieures, la force que lui refuse la tradition. C'est ce que font sur une petite échelle, par leurs *pronunciamientos* continuels, les tyrans d'opéra-comique des républiques de l'Amérique du Sud. La gloire ainsi acquise dans des luttes fratricides ne contribue certes pas à la cohésion de la race.

RELATIONS AVEC LES ÉTATS-UNIS

Se détestant toutes les unes les autres, les républiques latines de l'Amérique en sont arri-

vées à se soumettre à l'arbitre du seul État
américain qui leur inspire un égal respect.
Elles vouent un véritable culte à la grande
république sœur qui, seule, est capable de les
remettre toutes à la raison. Ce rôle des États-
Unis rentre exactement dans le *credo* de politique extérieure formulé par la doctrine de
Monroë et que cette nation a suivi avec assez
de persévérance depuis un siècle. Cette doctrine
tend, dans sa conception la moins agressive, à
exercer un contrôle sur les deux Amériques tout
entières. La forme monarchique était odieuse
aux disciples de cette doctrine, et c'est à cette
antipathie passive que l'on peut attribuer, en
grande partie, la fin des deux empires hispano-
américains. Si les Américains du Nord ont toléré
si longtemps dans leur voisinage immédiat la
domination espagnole aux Antilles, c'était parce
que ces colonies dépendaient d'un État dont
les États-Unis n'avaient rien à redouter. Il en
est de même pour les quelques territoires
de l'Amérique du Sud qui constituent encore
aujourd'hui des colonies étrangères, et les États
d'Europe auquels elles appartiennent ne les
considèrent plus que comme des vestiges
presque anachroniques du passé, sur lesquels il

serait chimérique de fonder quelque espérance pour l'avenir.

Cependant, l'influence des États-Unis s'affirme aussi d'une manière moins platonique sur l'Amérique du Centre et du Sud. Pendant de longues années, les vastes territoires de l'ouest et du sud de l'Union servirent de déversoir au trop-plein d'énergie du peuple américain. Après que ces parages eurent été colonisés, il jeta les yeux ailleurs pour trouver de nouveaux débouchés à son industrie, et des placements pour ses capitaux. L'énergie américaine se manifeste déjà dans l'Alaska, à Cuba et au Mexique. Peut-être dans un avenir prochain sera-ce le tour de l'Amérique australe. Ces conquêtes sont de nature économique, mais ce sont les plus durables.

Cuba, dont l'annexion aux États-Unis fut préconisée de longue date par leurs hommes d'État, est indépendant aujourd'hui politiquement parlant, sans toutefois pouvoir conclure des alliances étrangères sans l'autorisation de l'Union. Peut-être cette île le restera-t-elle à l'avenir, mais peut-être aussi des circonstances inattendues, telle qu'un tarif douanier trop rigoureux, la forceront-elles un jour à une union politique avec sa puissante voisine. Cette question n'a d'ailleurs pas la moindre portée pour l'histoire du monde ; l'essentiel est que Cuba soit de fait dès à présent, une annexe économique des États-Unis. Aussi bien, c'étaient, on le sait, autant des intérêts financiers que des sentiments généreux qui poussèrent les États-Unis à mettre fin au régime préconisé par Weyler pour résoudre la question cubaine. Américains et Cubains ont également fait une bonne affaire : le travail et l'or des États-Unis feront peut-être de Cuba une seconde Égypte, et de la Havane, une rivale du Caire.

Le Mexique offre un exemple frappant de la manière dont s'effectue la conquête purement économique, l' « américanisation » d'un pays. Ce peuple, dans les veines duquel coulent près de deux tiers de sang aborigène, sorti enfin de la période de guerres continuelles où le jetèrent sa séparation d'avec l'Espagne, et plus tard les ambitions napoléoniennes, a pu, sous une sage administration, progresser visiblement, et jouir de longues années de paix et de tranquillité. Le crédit de l'État s'est amélioré et une bonne partie des richesses du pays sont en voie d'exploitation, des voies ferrées le sillonnent et de nombreuses institutions y rappellent le voisinage des États-Unis.

Ce n'est pas sans amertume toutefois, que le patriote mexicain constatera ces réels progrès, car c'est à l'adversaire implacable qui jadis lui enleva la moitié de son territoire, c'est à l'américain des États-Unis qu'il les doit. Ce sont l'or et le travail du *yankee* qui ont opéré cette transformation d'un pays d'une richesse naturelle prodigieuse, mais dont les habitants manquaient de tout esprit d'initiative. Et les États-Unis n'y ont pas déployé que leur énergie commerciale ; ils sont en train de lui donner leurs idées et leurs mœurs, dans tous les domaines. Qu'y a-t-il d'étonnant alors que, telle une gigantesque affaire, ce soit l'Américain qui *runs the country* (1) ?

Quelle différence cependant de race, de religion, d'esprit, entre les deux pays ! Là, tout est systématique et pratique, actif et propre, mais monotone et manquant généralement de tout

(1) On estime que plus d'un demi-milliard de dollars de capitaux américains se trouve actuellement engagé dans des affaires mexicaines. D'autres États de l'Amérique latine ont atteint eux aussi, ces derniers temps, une certaine prospérité dans le domaine économique ; il reste à établir pour combien les influences étrangères en sont redevables.

sens artistique. Ici, sous ce ciel bleu et devant cette nature grandiose qui semble rappeler constamment à l'homme la vanité de ses efforts, la vie est facile et peu disciplinée, la propreté fait souvent défaut, mais le culte du beau est plus vivant que l'énergie de l'homme. Il semble que c'est par esprit de contraste que le froid brasseur d'affaires qu'est l'Américain du Nord s'est établi de préférence dans ce pays où la vie est empreinte d'une perpétuelle gaîté.

Le Mexicain, de son côté, est loin d'éprouver, en général, des sentiments hostiles pour le yankee. L'américanisation ne l'étonne plus aujourd'hui; elle s'opère, d'ailleurs, jusque dans les détails, par des procédés qui feraient honneur, par leur prudence, aux hommes d'État du vieux monde. Aucune pression n'est exercée, on ne s'attaque ni à la race ni à la langue, ni même aux institutions que l'on professe de respecter. L'étranger s'efforce dans ses entreprises de ne jamais froisser le sentiment national. Les chemins de fer du Mexique sont tous, à l'exception de deux voies anglaises, dans les mains de compagnies américaines. Mais allez dans les gares, demandez des informations, lisez les horaires, les inscriptions, les correspondances ; tout est en espagnol. Ce n'est qu'une fois assis en wagon, en jetant un coup d'œil autour de soi, que l'on reconnaît se trouver, à n'en pas douter, dans une voiture américaine. Il en est ainsi pour bien d'autres choses, dans la vie mexicaine.

L'opinion éclairée du pays a vu le côté dangereux de ce développement, et s'est partagée sur la politique à suivre. Fallait-il user de force, et tenter, par des tarifs exorbitants de fermer la porte aux entreprises américaines? Fallait-il garder une patrie moins riche, mais moins dépendante aussi de la grande République? Ni le général Diaz ni les autres hommes compétents du Mexique moderne n'ont abondé dans ces vues, estimant sans doute que si les États-Unis profitaient de ces relations, elles augmentaient aussi les richesses de leur patrie. Peut-être ont-ils jugé également qu'une infiltration d'énergie yankee ne serait pas nuisible aux trop indolents descendants des aztèques et des conquistadores. Toujours est-il que l' « américanisation » étant surtout d'ordre moral, le Mexique, qui compte treize millions d'habitants, ne semble pas devoir aujourd'hui en pâtir; le danger deviendrait plus sérieux si l'ère féconde inaugurée par le grand dictateur venait à prendre fin (1).

L'Amérique du Sud n'a presque pas subi jusqu'ici, dans ses relations économiques, l'influence des États-Unis. On peut en trouver la raison dans le fait que le commerce et l'industrie américains ont eu jusqu'à présent, des débouchés suffisants ailleurs. D'ailleurs, les communications défectueuses rendent encore aujourd'hui l'Amérique du Sud plus accessible à l'Europe qu'aux États-Unis. C'est ainsi que différentes nations de l'ancien monde tentent la conquête économique de ces parages. L'Angleterre a de grands intérêts en Argentine, au Pérou et au Chili; l'Allemagne a entrepris de coloniser le Brésil et ses capitaux se déversent abondamment sur le continent tout entier. Mais le jour où l'isthme reliant les deux océans sera percé, la situation internationale de l'Amérique du Sud sera transformée. Les États-Unis seront

(1) Le Président de la République mexicaine est élu comme aux États-Unis pour un terme de quatre ans. P. Diaz a cependant conservé la haute magistrature durant quatre ou cinq termes consécutifs. Il est intéressant de noter que les Constitutions des républiques de l'Amérique du Centre et du Sud, sont toutes calquées sur le modèle de celle des États-Unis. L'effet de ces dispositions si libérales n'a pas été plus heureux au Nouveau Monde, que la tendance générale en Europe de copier les institutions du parlement britannique. Aussi bien l'Amérique latine ignore le grand correctif qu'est l'opinion publique.

désormais ses plus proches voisins, et leur développement croissant fait prévoir qu'ils ne pourront plus abandonner à d'autres, des débouchés
si précieux pour eux, ni tolérer une ingérence
européenne sur les confins de leur empire
industriel. Il serait étonnant qu'ils n'arrivassent
pas alors à déloger leurs rivaux. Tout fait donc
prévoir que, pas plus que l'Amérique Centrale,
l'Amérique du Sud n'échappera au sort qui
l'attend, de devenir, avec le temps, une vaste
colonie industrielle des États-Unis. L'annexion
politique qui pourrait suivre ne serait qu'un
corollaire insignifiant de la domination déjà
établie.

Le panhispanisme sous différentes formes
n'aura donc pas de chance de succès et si jamais
une union *panaméricaine* se réalisait, ce serait
une association inégale, dont la république anglo-
américaine serait la souveraine reconnue.

CHAPITRE XI

L'IMPÉRIALISME ET L'AVENIR DE LA RÉPUBLIQUE
AMÉRICAINE

L'IMPÉRIALISME AMÉRICAIN

L'année 1898 sera à tout jamais mémorable dans les annales de l'histoire des États-Unis. Parmi les grandes étapes parcourues par la nation, 1776 lui avait donné l'indépendance; l'année 1803, qui vit la cession de la Louisiane, ouvrait le champ à la conquête du continent; la guerre de Sécession décida qu'il n'y aurait place entre les deux océans, du Mexique au Canada, que pour un seul empire; d'innombrables voies ferrées vinrent encore cimenter ce lien forgé dans un sang fraternel. Mais les lauriers faciles de Manille et de San-Jago éveillèrent le fonds de combativité anglo-saxonne latent jusqu'alors dans l'âme paisible de ce

peuple d'hommes d'affaires. L'année qui donna
à l'Union ses premières colonies marque donc
une nouvelle étape dans son histoire.

Il se produisit cependant cette année-là un
fait qui, bien que moins remarqué dans l'enthousiasme général, devait avoir pour la nation une
importance bien plus grande que la destruction
des flottes espagnoles. Les produits exportés
par les États-Unis les placèrent, en 1898, pour
la première fois, au premier rang des États ex-
portants, et leur donnèrent ainsi la place qui
appartenait jusqu'alors à l'Angleterre. Plusieurs
colonies de cette puissance étaient devenues
des marchés des États-Unis, qui, dans l'espace
de dix ans, réussirent à battre la Grande-Bretagne dans la production de la fonte brute et du
charbon qui constituaient jusqu'alors pour elle
presque un monopole. Aujourd'hui l'on peut voir
des locomotives américaines sortant des gares
de Londres, des voies ferrées et des ponts américains s'élever au Soudan et aux Indes.

Les États-Unis, dont la population représente
seulement la vingtième partie de celle du globe,
sont arrivés, en un laps de temps assez court, à
se suffire à eux-mêmes dans presque tous les
domaines. L'Union est devenue le premier gre-

nier du monde, et lui fournit plus que les autres nations de quoi se vêtir ; elle aspire aujourd'hui à en devenir l'atelier. Chaque année écoulée semble marquer un nouveau pas dans cet affranchissement industriel de l'Union, dont le reste du globe subira, par contre-coup, chaque jour davantage, la puissance économique. Des esprits exaltés, en Amérique, rêvent déjà une domination industrielle que la République exercerait sur le monde entier. De pareilles ambitions paraissent encore osées. Il est incontestable, toutefois, qu'actuellement les États-Unis jouissent d'une situation économique spéciale qui leur confère un avantage sur les autres nations du monde. Tout fait supposer que cette tendance ira en s'accentuant dans l'avenir. Chaque progrès de la science moderne, chaque application nouvelle dans l'industrie des machines aura pour effet d'augmenter la production nationale, pour laquelle il faudra trouver des clients. D'une nation qui achetait, les États-Unis tendront de plus en plus à devenir une nation qui vend. Les marchés intérieurs ne suffisant plus pour l'écoulement des produits, il a fallu en conquérir d'autres, d'abord en Amérique même et dans les colonies anglaises.

C'est dans les considérations d'un ordre purement économique, qu'il faut chercher l'explication du courant irrésistible d'expansion nationale, qui agite l'opinion publique des États-Unis; le mouvement que l'on a convenu de qualifier d'Impérialisme sera durable, car il correspond à des besoins économiques. Il faut à l'Union de nouveaux débouchés pour y placer ses capitaux et ses produits, il faut, en un mot, qu'elle puisse vendre, sous peine de voir sa vie industrielle interrompue par quelque crise.   .

L'ardeur belliqueuse toute nouvelle qui s'est emparée de l'esprit américain au point de le rendre méconnaissable aux yeux de l'observateur superficiel, a coïncidé avec cette expansion économique. Cette circonstance explique une politique, qui, quoique souvent adoptée par maint partisan, inconscient de sa réelle raison d'être dans la griserie générale des faciles conquêtes, ne faisait que continuer les traditions nationales, l'impérialisme n'étant, en somme, que le développement de la doctrine énoncée dès 1828 par le président Monroë.

Il s'agissait alors de garantir l'intégrité de la nouvelle république, que pouvaient menacer de trop puissants voisins. Tout en reconnaissant donc le *statu quo* pour les colonies déjà existantes en Amérique l'Union déclarait ne point vouloir en tolérer de nouvelles, ni permettre la cession par un État européen à d'autres des colonies déjà établies.

La doctrine de Monroë, qui est devenue le catéchisme de politique extérieur du gouvernement de Washington, était donc en l'espèce, purement négative, se bornant à repousser, dans le Nouveau-Monde, toute ingérence européenne. Elle est entrée, ces dernières années, dans une nouvelle phase que l'on pourrait qualifier de positive. Plus que jamais les États-Unis veulent être seuls à dicter leurs volontés au Nouveau-Monde tout entier. Il ne se trouve guère aujourd'hui de citoyen de l'Union qui ne soit convaincu que « l'Amérique doit appartenir aux Américains ». Cette conviction a fait en quelque sorte d'un droit de *veto*, un droit de contrôle suprême. On a pu constater combien elle est enracinée dans l'âme américaine, lors de la guerre avec l'Espagne, quand l'emprunt demandé par le cabinet au peuple fut souscrit plus de cinq fois. Le fait même que cette thèse a pu être émise par le président Roosevelt lors d'un discours politique, en dit suffisamment sur les visées de la nation.

Ce discours, dans la suite, fut interprété dans un sens conciliant pour ménager les susceptibilités de l'Angleterre, à laquelle les États-Unis devaient une considération d'une nature toute spéciale. Mais aucune interprétation officielle ne saurait modifier ces sentiments nationaux.

L'Union est consciente aujourd'hui d'être une des plus grandes puissances du globe, et son peuple, jadis moins occupé que tout autre des affaires d'autrui, prétend non seulement présider désormais aux destinées des deux Amériques, mais prendre la part que son pouvoir lui assigne dans les conseils du monde. Il sort de son isolement traditionnel, et la nouvelle doctrine ne tardera pas à proclamer que rien dans un hémisphère ni dans l'autre ne peut plus être entrepris sans le consentement des États-Unis. C'est l'inauguration de la politique mondiale, dont les plus fougueux adhérents attendent l' « américanisation du monde » (1).

(1) Il est intéressant de noter en passant l'attitude de l'Europe vis-à-vis des deux phases de la politique extérieure des États-Unis. Négative, la doctrine de Monroë fut considérée comme un empiètement insolent de la République sur les droits des anciennes puissances, qui toutes avaient acquis leur force au détriment de leur voisin. Positive, elle devient la devise d'une des nations les plus puissantes de la terre et l'on brigue l'amitié de cette nation.

Les hommes d'État d'outre-mer sentent bien que, pour atteindre à cette puissance rêvée, plusieurs points font encore défaut à l'organisation nationale. Il est en particulier deux institutions, dont ils attendent, tant au point de vue de la défense nationale que de celui du développement économique, de grands résultats à cet égard. Ce sont la création d'une marine de guerre, et le percement de l'isthme du Panama.

La question navale. — Aux État-Unis, où tout se développe à pas de géant, seul le commerce maritime n'a pas jusqu'ici marché de pair avec les autres branches de l'activité nationale. Récemment encore, les 8 pour 100 seulement des marchandises du pays étaient livrées à l'étranger sur des bâtiments arborant le pavillon américain. Cet état de choses s'expliquait autant par les traditions d'isolement suivies pendant un siècle, que par le manque d'une flotte de guerre. Or, sans protection de pavillon, la marchandise ne peut s'aventurer sur les grandes voies océaniques. C'eût été là un argument tout trouvé pour la création d'une marine de guerre. Le courant impérialiste en trouva de plus forts encore en faisant vibrer à son diapason le plus élevé, la fibre de l'orgueil national. Aujourd'hui, grâce à la guerre avec l'Espagne, l'Union possède déjà une flotte considérable, et l'on travaille fiévreusement de toutes parts à la construction de nouveaux bâtiments.

Le côté technique de cette question a été traité d'une façon très complète par le capitaine Mahan (1), dont l'œuvre, qui a fait époque sur la matière, a mieux que toute autre convaincu l'opinion publique de la nécessité d'organiser la défense navale des États-Unis. L'auteur soutient que les États-Unis, grâce à leur situation géographique, peuvent se passer d'une armée permanente, à condition de posséder, outre un système perfectionné de défense de leurs côtes, une flotte de taille à tenir tête à la plus puissante, si possible même aux deux plus puissantes marines du monde. Ce ne sera qu'à cette condition que le commerce américain pourra être effectivement protégé à l'étranger.

L'idée d'une marine de guerre est populaire en Amérique. On n'y voudrait guère d'armée permanente dans le genre de celles d'Europe, où le militarisme enlève pour un temps à toute occupation productive la fleur de la jeunesse.

(1) Capitaine MAHAN : *America's Interest in Sea Power.*

La marine n'est généralement ni par sa composition, ni par ses idées sujette au militarisme; c'est une institution défensive par excellence. L'initiative personnelle y est aussi précieuse que la discipline. Ce sont moins les masses qu'on y entraîne que des hommes d'élite dont on a besoin; il faut, pour faire une bonne marine, des officiers d'un savoir supérieur et des ressources financières suffisantes. On conçoit donc aisément qu'une institution, qui demande avant tout de hautes qualités techniques et des capitaux, soit devenue populaire dans un pays qui possède ces facteurs en abondance. Et ses mines de charbon sont presque inépuisables!

Il sera donc aisé d'augmenter la flotte américaine suivant les nécessités du moment. D'ailleurs, l'Amérique, tout en ayant les avantages que comporte un grand territoire continental, peut se contenter du système de défense d'un État insulaire.

Le canal de Panama. — Le percement de l'isthme de Panama apparaît comme le complément nécessaire de cette marine. Le projet, dont on avait reconnu de tout temps l'utilité, est aujourd'hui en voie de réalisation, depuis que le Congrès a ratifié le traité intervenu avec la nouvelle république du Panama, au sujet du tracé du canal. On conçoit aisément que les États-Unis, pendant longtemps, n'aient pas témoigné d'enthousiasme pour cette œuvre, qui, d'après un ancien arrangement conclu avec la Grande-Bretagne, devait être soumise au contrôle des deux États. Les événements de ces derniers temps ont cependant permis à la République de se réserver ce contrôle à elle seule et, dès la conclusion du traité Hay-Pauncefote, le percement de l'isthme n'a plus été qu'une question de temps. Les États-Unis, maîtres indiscutés des rivages du nouveau canal, ne manqueront pas d'en retirer des avantages signalés tant au point de vue général du commerce qu'au point de vue stratégique.

On a vu que jusqu'ici l'obstacle principal à un commerce intense entre les deux Amériques se trouvait être dans la distance de fait, d'après le principe *time is money*. Le percement de l'isthme mettra fin à cet état de choses. Les États-Unis n'auront au sens pratique qu'une seule côte et les deux Amériques se trouveront considérablement rapprochées, la côte orientale de l'Amérique du Nord et la côte occidentale de l'Amérique du Sud se trouvant situées presque sur la même ligne longitudinale. Enfin, toute la côte d'Asie se verra rapprochée, elle aussi, des grands centres de l'Est des États-Unis.

Aujourd'hui, le commerce des tropiques est fait en grande partie par l'Angleterre. Il est à prévoir que par suite du rapprochement opéré par la nouvelle voie maritime, une grande partie de ce commerce tombera dans les mains des États-Unis, leur donnant ainsi un certain contrôle sur ces parages, qui deviennent toujours plus indispensables au reste du monde par le besoin croissant des denrées tropicales qu'ils produisent.

Le nouveau canal aura aussi comme effet de réunir les deux flottes que la République doit aujourd'hui maintenir dans les eaux du Pacifique et de l'Atlantique, séparées par des milliers de lieues, ce qui présente un danger réel en cas de conflit armé. Le canal, tout en satisfaisant ainsi un besoin pressant de la stratégie navale, garantira, suffisamment fortifié, à ses propriétaires une situation stratégique presque unique au monde. Les abords pourront en être rendus presque inaccessibles par la fortification des Antilles, qui constitueront en même temps un dépôt précieux de charbon.

Le percement de l'isthme sous le contrôle américain sera donc un événement mémorable dans l'histoire du pays. Cette œuvre qui, en séparant de fait les deux Amériques, scellera définitivement leur union, contribuera à déplacer vers l'océan Pacifique le théâtre des grands intérêts du monde. Quoi d'étonnant alors, que, grisés par la vision de tant de grandeurs, de nombreux Américains proclament hautement que si le canal de Suez a donné à l'Angleterre la domination des mers, cette gloire ne sera que de courte durée, car le canal du Panama la transmettra aux États-Unis !

Effets de l'expansion nationale et de l'impérialisme. — La question s'est mainte fois posée de savoir si avec une population plus dense qu'aujourd'hui et le développement indépendant des différentes régions des États-Unis, ceux-ci continueront à vivre dans une même communauté fédérale. Il y a certes en Amérique des forces centrifuges très réelles. L'absence d'une seule capitale y exerce tout d'abord une influence décentralisante, mais cette influence est encore plus apparente si l'on songe que New-York, Chicago, Boston, la Nouvelle-Orléans, Saint-Louis et San-Francisco sont des capitales toutes trouvées

pour les régions dont ces villes sont les centres
et qui, avec des délimitations géographiques pour
la plupart très marquées, ont de plus des intérêts économiques généralement très différents.
La région orientale et la Nouvelle-Angleterre,
suffisamment décrites au cours de cette étude,
le Far West avec l'âpre lutte pour l'existence, le
Centre avec son agriculture et son industrie fiévreuse, le Nord qui tient du Centre et du Canada
également, enfin les contrées baignées par le
Pacifique, et, le Sud surtout, où la présence du
nègre devient un danger croissant, sont autant
de territoires distincts qui pourraient chacun
constituer un État à part.

Les sages dispositions de la Constitution, qui
faisaient la part des différents États, contribuent
au maintien intact de l'édifice politique américain. L'unité de langue, et le manque d'influences dissolvantes aux frontières en sont une
autre garantie. Des circonstances de cet ordre ne
suffisent point, cependant — maint grand empire historique en est la preuve — à sauver
d'une dissolution intérieure un État dont les
dimensions sont si vastes. Ce qui, toutefois, permet de prédire, qu'à l'avenir aussi la communauté nationale pourra subsister aux États-Unis,

c'est leur union morale et leur union économique, réalisées toutes deux aujourd'hui, la première par les grandes guerres, qui ont supprimé tout esprit de clocher, la seconde, par le travail de nivellement et de rapprochement, qu'ont opéré et opèrent encore les grands modes de communications modernes, chemins de fer, télégraphes, téléphones, etc. Ainsi, dans l'Amérique de nos jours, les distances sont moins grandes que celles de la France et de l'Angleterre d'il y a un siècle, et la pensée humaine née dans ce milieu est plus uniforme aujourd'hui à San-Francisco et à New-York qu'à Douvres et à Calais ! Cette homogénéité est une des bases les plus solides de l'État américain ; il devra, dans son expansion croissante, n'épargner aucun effort pour la conserver.

Il est évident que la nouvelle ère où s'est engagée désormais l'Union américaine, tout en ne suivant que le cours de l'histoire, implique un certain abandon des grands principes républicains dans leur austérité primordiale.

Il a été question ailleurs de la difficulté où se trouve, dès aujourd'hui, le gouvernement de Washington pour donner aux métis des nouvelles colonies une administration convenable.

Pas plus que l'Angleterre, l'Amérique n'échappera pas vraisemblablement au sort général qui veut qu'une politique coloniale débute par des erreurs. Mais comme leur mère patrie, les États-Unis d'Amérique ne tarderont probablement pas à profiter des leçons de l'histoire, et, d'ailleurs, ils possèdent en abondance le matériel nécessaire pour faire d'excellents administrateurs coloniaux (1).

Une autre question non moins intéressante, liée, elle aussi, à l'impérialisme, est celle des modifications que produira dans la Constitution des États-Unis, le nouveau mouvement d'expansion. La charte américaine étant d'une nature très élastique, on peut supposer que

(1) Dans un livre récent, intitulé *Greater America*, auquel on renvoie d'ailleurs le lecteur pour des détails sur l'Amérique du Sud, M. A. Colquhoun soumet le régime colonial inauguré par les Américains aux Antilles et aux Philippines à une critique fort sévère. Ils auraient manqué de sens pratique en voulant faire de grands principes démocratiques la loi de leurs colonies, incapables de les comprendre, et auraient déchaîné d'autre part, sur elles, les plaies du bureaucratisme. L'auteur nie presque que les Etats-Unis aient à leur disposition la classe d'hommes nécessaire pour faire d'utiles administrateurs coloniaux. Cette dernière assertion paraît particulièrement osée; si le matériel n'existe pas, on le formera et tout porte à croire que justement l'Américain, qui a appris, par l'expérience des noirs, ce que vaut une trop grande liberté conférée à une race inférieure, trouvera le moyen de résoudre d'une manière pratique ce nouveau problème.

les changements nécessités par le nouveau cours
auront lieu sans bouleversement, et, comme
en Angleterre, au fur et à mesure qu'une
exigence nouvelle les imposera. On ne saurait d'ailleurs prévoir aujourd'hui de changement probable dans la représentation nationale.

En revanche, le pouvoir présidentiel semble
devoir être plus affecté par l'impérialisme. En
effet, la Constitution ne prévoyant aucunement
l'acquisition de colonies, on fut forcé, dans
l'impossibilité de revêtir ces dernières des attributs d'États de l'Union, de les assimiler aux
« territoires », fort rares aujourd'hui, qui
dépendent directement du pouvoir fédéral,
c'est-à-dire du Président de la République,
lequel, de cette manière, est devenu, de fait, le
souverain des nouvelles colonies. De plus, les
pouvoirs dictatoriaux que la Constitution confère au président, en temps de guerre, sont, eux
aussi, dans la nouvelle ère, de nature à déplacer
à l'avantage de son premier magistrat l'équilibre
des pouvoirs de la nation.

Des voix se sont élevées dernièrement aux
États-Unis, pour prédire, à l'aurore de la nouvelle période de gloire qu'on attend des armes

américaines, que la fin logique du nouveau régime serait la domination d'un seul homme et que, fatalement, l'impérialisme victorieux aboutirait à l'empire. A moins d'une révolution dans toutes les idées et dans toutes les mœurs de l'Amérique, une pareille éventualité, même lointaine, ne paraît pas possible. Elle mérite cependant, même utopique, une certaine considération, parce que, si le mouvement actuellement en vigueur aux États-Unis ne conduit pas à la monarchie, ce sera là un événement isolé dans l'histoire, et les attributs de la présidence s'en trouveront certainement modifiés.

L'histoire démontre qu'une République dont la force se manifeste à l'étranger tend généralement à devenir un empire; une dynastie héréditaire, dont les intérêts élevés au-dessus de ceux des simples mortels coïncident avec ceux de l'armée, est considérée, aujourd'hui, où l'on ne croit guère plus au droit divin, comme une garantie efficace de la puissance militaire d'une nation. Or, la situation privilégiée des États-Unis les dispense de la nécessité d'une grande armée. Dès lors, le besoin de l'*Imperator* semble fortement atténué! On ne peut d'ailleurs non plus supposer que la gloire des armes elle-même arriverait à faire taire le sens pratique de l'Américain. Comment le général yankee victorieux trouverait-il le moyen de revendiquer pour lui-même les lauriers de la nation et de s'en faire décréter le chef héréditaire?

Mais sans empereur, les États-Unis semblent bien destinés à devenir un empire économique. Peut-être verra-t-on un dictateur, investi de pouvoirs bien plus étendus encore qu'aujourd'hui? Peut-être le terme de la présidence se verra-t-il prolongé ou même le premier magistrat sera-t-il nommé à la vie?

Ces éventualités sont d'autant plus possibles, qu'une pareille organisation nationale correspondrait parfaitement aux idées en vogue en Amérique sur la gérance des grandes affaires, dont la direction centrale est souvent, on l'a vu, confiée à un homme d'élite. Tel sera sans doute le grand « capitaine d'affaires », qui sera appelé, à l'avenir, à diriger la vie publique de l'Union. La pompe extérieure peut-être, la puissance réelle assurément de la Maison-Blanche de l'avenir, égaleront la gloire des plus puissants souverains de la terre; mais ce sera toujours un homme de son choix qui présidera aux destinées du peuple de l'Union, qui prouvera par là que la république des États-Unis est une république de fait et non seulement de nom.

Enfin, il est un danger fort lointain encore, mais d'une portée économique très grave, celui-là, qu'il ne convient pas de passer sous silence. La nation américaine, dont la production tend toujours à augmenter par rapport aux autres États, aura toujours besoin de nouveaux marchés pour écouler ses marchandises, ce qui revient à dire que, si le reste du monde aura toujours plus besoin de l'Union pour acheter, celle-ci aussi se trouvera dans la dépendance des marchés du monde pour vendre. Or, l'accès de ces marchés peut être fermé par les baïonnettes! On peut se figurer le bouleversement que causerait aux États-Unis un état de surproduction et les maux sociaux qu'il entraînerait pour les milliers d'ouvriers jetés sur le pavé sans ouvrage.

D'aucuns ont vu dans ces circonstances des dangers si menaçants pour le bonheur des États-Unis, qu'ils n'ont pas craint d'engager le peuple américain à abandonner la nouvelle voie où l'expansion nationale l'a poussé. M. Bryce est de ce nombre. D'autres, au contraire, et entre autres l'éminent homme d'État anglais, Sir Charles Dilke, estiment que le courant impérialiste est une manifestation naturelle d'une force réelle, qu'on ne saurait méconnaître sans provoquer des crises. C'est dire que les opinions sont fort partagées sur la politique qu'il conviendrait à l'Amérique de suivre. La plus grande précaution lui sera en tous cas nécessaire pour atteindre sans péril le rôle qu'elle ambitionne.

Que si, comme le disent les adversaires de la politique impériale, Washington, ce républicain austère, se fût détourné avec douleur à la contemplation de la voie engagée par son peuple, cela ne serait que très naturel. La nation américaine fût restée plus sûre et moins puissante, en restant plus fidèle aux traditions du passé. Il ne lui a pas plus appartenu de le faire, qu'il n'appartient au torrent bouillonnant qui ira se perdre dans la mer, de réintégrer les glaciers sublimes de sérénité, dont il est issu. La nation américaine est devenue impérialiste, parce que la force lui a assigné un rôle important dans la lutte autour des grands intérêts du monde, rôle dont elle ne peut plus se désister. Ce n'est donc pas au manque de vertus républicaines, ni à la gloire militaire, que l'impérialisme doit son origine : c'est bien plutôt parce que, par son travail extraordinaire, le peuple américain a su, dans l'espace d'un siècle, devenir d'une petite république, l'empire économique, l'ergocratie par excellence, la plus puissante du monde.

LA RÉUNION ANGLO-SAXONNE
ET L'IMPÉRIALISME BRITANNIQUE

L'impérialisme n'est cependant pas une invention américaine : ce courant est d'origine britannique et dirige la politique de l'Angleterre d'aujourd'hui. Or, une des visées les plus ambitieuses de cette politique est de réaliser une entente de tous les pays de langue anglaise qui, suivant les optimistes, aboutirait à une réunion effective de tous les tronçons de la race anglo-saxonne.

L'idée paraît assez plausible au premier abord. Une même langue, un même fonds de race, des idées ayant au moins la même origine et qui souvent se ressemblent, des intérêts commerciaux souvent identiques, voilà, ne semble-t-il pas, d'assez bonnes raisons pour l'Angleterre et les États-Unis de se tendre fraternellement la main, en oubliant définitivement un passé déjà à demi oublié? La race anglo-saxonne comptait, au début du dernier siècle, environ seize millions de sujets britanniques et quatre millions de citoyens de la nouvelle république américaine. Aujourd'hui, on compte quelque soixante millions de sujets britanniques dans le monde entier et soixante-dix millions de citoyens des États-Unis, de race blanche. L'Union anglo-saxonne, accrue plus de six fois au cours d'un seul siècle, représenterait donc aujourd'hui un total de quelque cent trente millions d'individus et constituerait ainsi la puissance la plus forte de race blanche; elle impose sa loi à environ trois cent cinquante millions de ressortissants de l'Asie et de l'Afrique. Au point de vue commercial, la prépondérance de la race est également acquise, et pour ne prendre que l'Extrême-Orient, qui semble devoir jouer un rôle grandissant comme marché international, il est à remarquer que les 80 pour 100 du commerce extérieur de la Chine se font avec les États-Unis et avec l'empire britannique.

Mais pour juger des chances de succès que

peut avoir la doctrine du « sang plus épais que l'eau », il convient d'examiner froidement les intérêts que l'Angleterre et les États-Unis peuvent avoir séparément à l'établissement d'une entente définitive.

Les revers de ses armes dans l'Afrique australe, l'attitude souvent menaçante des grands États militaires et surtout peut-être le recul graduel et persistant que subit son commerce sur les grands marchés du monde, ont poussé l'Angleterre à se recueillir. Elle est arrivée à la conclusion que l' « isolement splendide » qui faisait son orgueil n'est plus dorénavant compatible avec le rôle, que moins aujourd'hui que jamais elle ne veut abdiquer, de puissance mondiale. Il fallait un appui sur lequel compter : l'alliance avec le Japon réalisait en partie ce but. Mais une union intime avec l'ancienne colonie si longtemps méprisée pourrait seule consacrer dans l'avenir la domination anglo-saxonne. Le gouvernement britannique s'est entièrement inspiré de cette idée pendant ces dernières années, et ne se fit pas faute, surtout sous le régime de M. Chamberlain, de prodiguer ses flatteries à la république américaine. Un brin de sentimentalité, dont il ne faudra pas exagérer l'importance, est venu se joindre au bruit mené à Londres autour de cette affaire. Les nombreuses héritières américaines occupant de hautes situations en Angleterre ne demanderaient pas mieux, en effet, que de contribuer à la réussite de cette œuvre.

Le désir d'une alliance intime avec les États-Unis semble donc pleinement justifié par la situation politique de l'Angleterre. On ne saurait cependant en dire autant du côté économique de la question. Sans doute, les États-Unis d'Amérique constituent encore aujourd'hui le meilleur marché de l'exportation anglaise. Mais cet état de choses ne paraît pas devoir être durable et les États-Unis supplantent, au contraire, le commerce anglais dans les places les plus importantes du monde, et tendent, après avoir ruiné l'agriculture de la Grande-Bretagne, à porter aussi à son industrie un coup dont il lui sera difficile de se relever.

Pour les États-Unis, la question se pose tout autrement : elle n'a qu'une importance tout à fait secondaire, la grande république étant à tous égards de taille à livrer seule ses batailles. L'union avec l'Angleterre ne représente donc pour elle aucune nécessité. Si, cependant, elle n'est pas indifférente à l'alliance projetée, qui déjà l'autorise à attendre de l'Angleterre des amabilités spéciales, telle une neutralité bienveillante pendant la guerre avec l'Espagne, telle la renonciation entière à tous ses droits sur le canal du Panama, c'est évidemment que sa position lui donnerait des avantages qu'elle ne manquerait pas d'exploiter. Puis, ici aussi, la sentimentalité est entrée en jeu et il est indiscutable qu'il existe en Amérique un certain courant de sympathie pour la Grande-Bretagne qui a donné tant du sien à la nouvelle nation. Ainsi les avances tardives de l'Angleterre ne sont pas restées sans écho au delà des mers. Mais cette sympathie est d'un ordre purement sentimental : tout calcul politique basé sur elle serait erroné. C'est ce qu'a compris Sir Charles Dilke, pour qui la possibilité d'une union anglo-américaine ne dépendra jamais que de la politique suivie par les États-Unis. Or, cette politique devant forcément être égoïste, l'entente anglo-saxonne ne sera pas une association à bénéfices égaux.

D'ailleurs, l'Union le voulût-elle, qu'elle ne pourrait épouser sans réserves des sympathies qu'une partie considérable de sa population ne partage aucunement. L'Amérique a ses idées à elle, correspondant au nouveau type d'homme qui a été analysé ailleurs, mais ces idées ne répondent que partiellement au courant moral et intellectuel régnant en Angleterre. La grande indignation qu'une partie considérable du public américain témoigna contre la politique anglaise au Transvaal, en est une preuve suffisante. On ne saurait oublier que plusieurs millions de citoyens américains, et des plus influents en matière politique, sont de race irlandaise, et que ceux-là voueront, jusqu'à leur dernier souffle, une haine implacable à cette Angleterre, qui tout en recherchant des territoires nouveaux aux quatre coins du globe, a laissé se dépeupler l'Irlande. Qui dira le rôle que joueront un jour peut-être ces Irlandais du Nouveau-Monde dans le règlement définitif des relations anglo-saxonnes? Cet élément ne paraît pas, en tous cas, appeler à faciliter la réconciliation de famille préconisée.

Il se peut parfaitement que l'Amérique et l'Angleterre marchent, pour un temps, de pair dans certains domaines économiques, comme en Chine par exemple, en proclamant les mêmes principes et en secondant mutuellement leur commerce. Mais on n'arrivera pas avec la meil-

leure volonté du monde à éviter les collisions.
On oublie trop à Londres, qu'il y a entre l'impérialisme américain et l'impérialisme anglais une très grande différence. On oublie que si le régime inauguré aux États-Unis est le résultat d'une prospérité sans pareille qui exige pour l'industrie nationale de nouveaux débouchés, le nouveau mouvement est en Angleterre un appel à la conquête jeté en temps de griserie éphémère, auquel manque toute base économique, l'industrie anglaise non seulement ne manquant pas de marchés suffisants, mais perdant rapidement une partie de ceux qu'elle possède déjà. L'impérialisme américain provient de la force d'un jeune peuple, dont les frontières sont devenues trop étroites pour l'infatigable activité : c'est un état sain. L'impérialisme anglais, veut faire valoir encore des forces que l'on sent échapper : c'est donc un état artificiel. La statistique dément ses prétentions ambitieuses et prouve, non seulement que la domination exclusivement britannique n'est pas conforme à l'intérêt des grandes colonies de l'Angleterre; mais, en outre, que c'est la République américaine et non la mère patrie qui suffit à la majeure partie de leurs besoins.

Dans ces circonstances on peut considérer une association anglo-américaine, telle qu'on la rêve dans la vieille Angleterre, qui en resterait la protectrice attitrée, comme une combinaison parfaitement utopique. Il est cependant possible que les colonies anglaises trouvent un jour de leur intérêt de former avec la République une ligue sur des bases économiques. Mais ce sera vers New-York et non vers Londres que graviteront ces « États-Réunis ». L'Angleterre, si elle entre dans ce groupement, ne pourra pas aspirer à y jouer un rôle prédominant. Si l'union des nations parlant l'anglais se produit, ce sera par la diffusion commencée dès maintenant au Canada et en Australie, des idées américaines, de la pensée démocratique et *businesslike*. La réunion, si elle a lieu, sera le triomphe de la Grande République, un grand pas en avant vers « l'américanisation du monde ».

Que ces perspectives ne plaisent guère à l'Angleterre, il est aisé de le comprendre. On ne cède jamais volontiers la première place à un autre. La Grande-Bretagne pourrait cependant se consoler de cette perte, en songeant que c'est pour sa fille aînée qu'elle abdique sa gloire séculaire. Il n'y a d'ailleurs pour l'Angleterre dans ce déclin relatif aucune raison de honte. Pas plus qu'un homme, une nation ne peut continuer à produire, sans s'épuiser, sans vieillir. L'Angleterre a donné du meilleur d'elle-même à ses colonies, du plus fort, du plus énergique, du plus brave : elle leur a transmis ces idées de justice et de respect de l'individu, sur lesquelles les colonies et, notamment, celles d'Amérique, ont érigé un puissant édifice. Elle ne sera pas, en vieillissant, jalouse de la fortune de ses enfants !

Il serait téméraire de prédire dès aujourd'hui les destinées de la race « anglo-saxonne américanisée » dans un avenir plus ou moins lointain. On peut cependant supposer que le tronçon américain, en se faisant le porte-étendard de toute la race, devra en épouser les intérêts maritimes avant tout, et qu'ainsi, malgré les bons rapports existant aujourd'hui avec la Russie, c'est avec cette puissance rivale de la Grande-Bretagne sur tant de points du globe que la lutte inévitable s'engagera. Il y a, d'ailleurs, entre la Rome et la Carthage modernes antagonisme sur toute la ligne. Il suffit de jeter un regard sur la carte du monde pour se convaincre des points multiples que Slaves et Anglo-Saxons ne manqueront pas de se disputer. Tandis que ces derniers, avec une industrie supérieure, verront sans doute dans un système libre-échangiste le meilleur moyen d'écouler leur produit, l'industrie plus jeune de la Russie exigera longtemps un protectionnisme douanier pour garantir à ses produits même les marchés les plus proches.

Mais c'est encore sur le terrain moral que le contraste est le plus frappant et il vaut la peine de s'y arrêter un instant, car plus qu'un autre il permet des suppositions sur l'issue de cette lutte mondiale, dont la guerre engagée actuellement entre la Russie et le Japon paraît être le premier épisode. Tandis que l'Anglo-Saxon prise avant tout la lumière et la liberté et, sans s'attacher à des formes spéciales de la religion, s'en remet avant tout à son énergie pour vaincre dans la lutte, le Russe fataliste, pour qui la foi est la vie même, s'en remet aussi au secours divin pour l'accomplissement d'une mission qu'il considère lui appartenir. Moins égoïste que l'Anglo-Saxon accoutumé à la prospérité, le Russe est capable de dévouements et de sacrifices, que même l'or ne saurait compenser. Le militarisme, qui apparaît à l'Anglo-Saxon une tyrannie impossible à supporter, n'est pour lui que le devoir élémentaire. Tandis que l'Anglo-Saxon représente le progrès et la liberté et rêve de s'immiscer fièvreusement dans toutes les affaires du globe, le Russe, avec un fatalisme qui lui vient de l'Asie, et l'énergie que lui inspire la foi en ses destinées, ne répugne pas à la lenteur, pourvu que là où son drapeau césarien a été une fois planté, il y flotte toujours !

Pour la lutte de ces deux races, les avantages semblent assez également répartis. D'une part, un territoire compact et peut-être impénétrable, une armée, la plus nombreuse du monde, prête aujourd'hui encore à verser son sang pour l'orthodoxie; de l'autre, tous les avantages que donnent la plus grande énergie que l'homme ait jamais déployée, la liberté la plus grande et la plus éclairée dont il ait jamais joui et la plus grande fortune qu'il ait jamais acquise. Il y a cependant une circonstance de haute portée qui pourra être décisive pour l'issue de la lutte. Tandis que la volonté du peuple anglo-saxon a toujours été celle de ses gouvernants, on ne peut en dire autant pour la Russie, dont une grande partie des sujets n'est point prête à suivre la direction officielle. Il se peut que les menées socialistes n'y aboutissent pas encore, mais il est impossible que l'Empire des Tsars, avec une vie intellectuelle et industrielle grandissante, continue toujours de rester dans l'état de dépendance et d'ignorance où on le maintient aujourd'hui d'une manière artificielle. Une révolution sociale y aura lieu forcément, que l'initiative en vienne de l'Empereur ou des foules. Or, cette crise, la race anglo-saxonne l'a, pour son bonheur, déjà subie dans son enfance. Le moment où cette crise se produira sera évidemment de la plus haute importance pour la Russie. Elle pourra avoir pour résultat d'enlever au Russe cette foi ardente qui lui donne comme soldat une si haute valeur mais qui provient après tout de l'ignorance; lui donnera-t-elle en retour des qualités capables de compenser cette perte? Nul ne saurait le dire. Tout ce qu'on peut supposer est, qu'avec des forces si formidables, la lutte entre les deux empires et les deux idées ne pourra être décisive qu'à raison de sacrifices impossibles à estimer.

Ce n'est évidemment pas seulement avec la Russie que la race anglo-saxonne de l'avenir aura des querelles à vider. Mais le conflit avec la Russie paraît plus inévitable qu'un autre. Au demeurant, les grands États de l'Europe, de leur côté, se rendent déjà compte des dangers que comporte pour eux l'extension prodigieuse de cet « Empire du Travail » et l'on a proposé, pour sauver le commerce européen de la ruine, la formation d'un Concert Continental qui serait le premier pas vers la réalisation d' « États-Unis d'Europe » .

CONCLUSION

L'idée d'une « coalition continentale » paraît
assez plausible pour les grands États d'Europe,
qui en prendraient la direction et qui, par leur
situation, sont capables encore d'expansion. La
Russie gagnerait le concours de puissants voisins
et peut-être l'union des Slaves ; l'Allemagne verrait sans doute l'union de tous les Allemands
soumis encore à d'autres régimes. L'Italie obtien-
drait peut-être quelques provinces. Mais quel
intérêt la France, l'Autriche-Hongrie et l'Espagne et toutes les autres puissances trouveront-
elles à s'unir à des voisins trop forts ou qui
convoitent leur territoire?

Sans doute, en agissant avec une entière
loyauté, on écarterait ces dangers. Mais avec les
grandes armées qu'elle entretient et ses convoitises multiples, l'Europe ne paraît guère devoir
être un champ favorable à l'exercice de vertus
fraternelles. Et en admettant même le succès

final, quelle garantie les nations moins favorisées du Vieux Monde auront-elles pour leur existence?

Les États d'Europe, avant de prendre parti dans cette lutte, devront donc déterminer leur attitude en comparant les dangers qui les menacent sur le terrain économique de par la coalition anglo-saxonne avec le danger vital que représentent leurs voisins. Il se peut alors que plus d'un État conclue qu'il n'est point dans son intérêt d'intervenir contre le groupe anglo-saxon, qui ne menace pas son indépendance politique. Qui sait si plus d'un État ne sera pas effacé de la carte du monde pour n'avoir pas prévu à temps le résultat d'un bouleversement sans égal depuis l'invasion des Barbares?

Il serait oiseux de s'arrêter plus longtemps à ces conjectures, d'autant plus que nul ne peut prévoir aujourd'hui le rôle réservé aux Asiatiques, et en particulier au Japon, dans cette évolution.

Pour l'Amérique, comme pour toute autre puissance, sonnera l'heure du déclin et sa gloire sera chose passée. Pourra-t-on dire que son génie a donné au monde le bonheur avec le progrès? L'homme pour lequel *time is money* est-il plus heureux que celui pour lequel *la hâte est fille du diable* (1)? On ne saurait l'affirmer. La postérité qui jugera l'histoire dira cependant que de tous les grands Empires édifiés depuis le commencement du monde, les États d'Amérique ont su joindre à la plus grande prospérité le moins de souffrances humaines.

(1) Proverbe arabe.

APPENDICE

L'IDIOME AMÉRICAIN

Quand une race a joué un rôle dans l'histoire du monde, et a disparu ensuite de l'horizon, subissant fatalement le sort de tout ce qui est humain, c'est surtout dans la langue qu'elle a parlé que les générations futures pourront relever encore les traits marquants de son caractère, ses grandeurs et ses faiblesses. Le Romain, pour prendre congé, disait : « Sois fort » et le Grec : « Réjouis-toi » ; l'Anglais ne connaît pas de mot pour « ennui » et l'Espagnol en a deux pour désigner l'âme. Ceci n'en dit-il pas long sur le caractère de ces races? De même que les yeux de l'homme sont le miroir où se reflète son âme, le langage est celui où se réfléchissent les idées, l'âme même d'une nation.

A ce point de vue, il ne sera peut-être point superflu de faire quelques observations sur la langue qui est parlée aux États-Unis, car si cette assertion est juste, on devra y retrouver les indices des traits nationaux qui ont été envisagé au cours de ce livre. Il est évident, toutefois, que cette preuve par la philologie sera, dans le cas présent, nécessairement fort imparfaite, et cela par la simple raison que les premiers colons d'Amérique n'étaient pas, comme les fondateurs de la plupart des États, des chefs sauvages, ne disposant que d'un vocabulaire rudimentaire qui s'augmentait et se formait par la suite en raison des besoins apparus et des idées dominantes, pour devenir un langage calqué sur le caractère même de la race qui le parle, avec des formes extérieures correspondant à ses goûts. Ici, au contraire, des colons éminemment civilisés parlaient, dès leur arrivée, une des langues les plus ciselées et cultivées du monde, et comptant déjà derrière elle, un brillant passé de littérature classique. Rien d'étonnant à ce qu'elle n'accuse, malgré plusieurs siècles de vie à part, que des modifications peu sensibles en général, et absolument nulles, on peut le dire, au point de vue de la grammaire et de la syntaxe.

Puisque, cependant, c'est le seul matériel disponible pour cette étude, force sera de s'en contenter, et de chercher quelles sont les modifications et les augmentations qu'a pu subir la langue anglaise aux États-Unis.

Comme on l'a vu, trois circonstances ont exercé la plus grande influence sur le caractère anglo-saxon des premiers pèlerins colons, et ont en quelque sorte formé le type national de leurs descendants : la religion puritaine austère des premiers pèlerins, les sentiments éminemment démocratiques du peuple entier, et enfin les habitudes de négoce qu'ils ne tardèrent pas à contracter. Ces trois principes : religion, égalité et travail, agirent avec une intensité différente sur la formation du nouveau type. On peut dire que c'est au travail, à la vie de négoce, que se rattache aujourd'hui la grande majorité des américanismes.

En procédant d'une façon chronologique, on trouve d'abord diverses expressions archaïques aujourd'hui, telles que *to orate* (proférer des prières en chaire); *to missionate* (verbe actif exprimant l'action de procéder à une mission) qui dénotent bien les habitudes religieuses toutes spéciales des premiers pèlerins et pour l'expression desquelles ils ne trouvaient évidemment pas suffisants les termes que mettait à leur disposition la langue anglaise. Le sens que l'on a donné aux États-Unis au mot *ambition,* qui, en anglais, a une acception analogue à celle du mot français, est plus significatif, car on l'entend souvent employer dans un sens défavorable pour dire dépit, rancune; et ainsi il nous rappelle directement les thèses bibliques, condamnant tout effort personnel vers la grandeur comme vain et nuisible.

La vie démocratique et égalitaire a été avant tout aplanissante en Amérique. Elle y a donc été réelle, et si la plus haute culture de l'ancien monde ne s'y trouve pas toujours représentée, par contre, le niveau le plus bas y fait presque totalement défaut. Et ici, la langue anglaise, si aristocratique dans la mère patrie, que l'on y peut, pour ainsi dire, certifier immédiatement le niveau social d'un individu d'après son parler, corrobore entièrement cette thèse. En Angleterre, le paysan et l'ouvrier, le fermier et le marchand, le professeur et le lord, tous parlent avec un accent différent. En Amérique, tout cela a été unifié, et les dialectes ne se répartissent qu'horizontalement en quelque sorte, et suivant les contrées, mais jamais verticalement d'après l'échelle sociale. Aussi l'habitude d'une grande partie de la population du Royaume-Uni, d'aspirer la lettre « h » quand il ne le faudrait pas, et de ne pas l'aspirer quand il serait de rigueur de le faire, et qui la condamne, de ce fait, a une infériorité sociale et littéraire permanente, n'existe nulle part aux États-Unis. Ce sera même, tellement elle est frappante, une des premières observations de l'Anglais nouvellement débarqué à New-York.

Ce dernier phénomène, et il est général, est la preuve d'une influence égalitaire ennoblissant la langue, donc bienfaisante à tous les égards. Mais s'il est général, il est, croyons-nous, unique, et comment en serait-il autrement? L'égalisation des niveaux sociaux, et surtout en un temps d'affaires, où la perfection extérieure compte pour peu, devait s'exercer surtout pour le compte de la plus grande majorité et la partie la moins cultivée de la communauté. Aussi le dialecte parlé aujourd'hui aux États-Unis contient-il une foule d'expressions peu distinguées et même franchement vulgaires, qui s'y sont glissées lentement sous cette influence, et qui ne détonnent même plus, aujourd'hui, dans le milieu même souvent très distingué où elles ont cours. Il suffirait de mentionner ici en passant, la manie d'élever la voix à un degré qui, en Europe, serait considéré de fort mauvais goût. Mais il y a de nombreuses expressions, telles que *crowd* (foule) usitée pour dire société, et *bottle up* (emboutciller) employées pour dire attraper, *loads of money*, etc. Divers journaux de province fourniront au lecteur désireux de compléter cette liste peu édifiante, un champ d'étude précieux. C'est un de ces journaux qui, pour annoncer la grande victoire américaine remportée sur l'escadre espagnole enfermée dans la baie de Santiago de Cuba, remit en usage cette expression graphique mais peu martiale, en parlant de « Cervera embouteillé », etc. L'Américain qui a fait fortune, *has made his pile*. Mais ces exemples suffisent.

Les habitudes de travail ont eu, elles, une influence bien plus marquée et aussi plus intéressante sur la langue anglaise. Tout d'abord des termes tels que : *to guess* (deviner), *to reckon* (compter), *the balance* (solde) ayant trait aux affaires, ont fini par être usités dans toutes les occurrences de la vie. *To guess* et *to reckon*, ces deux expressions qui, à l'origine, se rapportaient à la comptabilité et aux spéculations, ne veulent plus dire aujourd'hui que « penser ». La *balance of an account* existe encore, mais on dit aussi bien *balance of the summer; balance of the year* (reste de l'été, de l'année). De même, l'on *fix* un clou, mais l'on peut *fix* une personne, une affaire. La tendance peu grammaticale, mais très positive, de prendre des termes abstraits pour des objets concrets doit aussi être rattachée, il semble, à cette influence du négoce. Le *business-man* américain trouvera pour son énergie, dans un nouveau pays, d'excellentes *possibilities;* il les acquerra en prenant des *liabilities* (dettes) avec elles. *To locate*, une affaire, une chose, veut dire déterminer l'endroit où elle a lieu.

Toute une catégorie très considérable de ces termes provient de la plus gigantesque affaire du pays : les chemins de fer, celle de laquelle, jusqu'à présent du moins, dépendaient toutes les autres. Aussi, même dans ce qui a trait aux voies ferrées, l'Américain use-t-il volontiers de termes nouveaux, tels que *depot, baggage, railroad, route, all aboard,* plutôt que de ceux déjà existants et usités en Angleterre, *station*, *luggage*, *railway*, *road*, etc. Le *car* américain (wagon de chemin de fer) est connu dans le monde entier, et les Canadiens en ont fait le mot assez bizarre de « char ». Les trains « se télescopant » ne sont plus, dans leur métaphore graphique, connus qu'aux États-Unis. Mais il y a d'autres métaphores relatives aux voies ferrées, qui ont passé là-bas par une généralisation complète et sont usitées aujourd'hui pour désigner mille choses de la vie publique qui n'ont aucun rapport avec les chemins de fer. *To run a train*, courir, est ainsi l'expression graphique consacrée; mais au lieu d'un train, on peut déjà *run* une affaire, un pays et peut-être demain même un continent. *Go ahead* est le signal donné par le conducteur pour faire déplacer la locomotive; mais l'Américain a fait de ce terme un emblème de sa vie fiévreuse tout entière, dont le principal attribut est d'aller toujours de l'avant. Le temps est de l'or, il a de la valeur; donc arriver à temps est une manière indirecte de produire, d'où vous pouvez même *make time* (faire du temps). Citons aussi les expressions locales connues aux États-Unis, de *boss a business* (faire marcher une affaire), et l'énergique *right away*, littéralement : droit devant vous et de suite au loin, que l'on emploie pour dire « immédiatement ». Le si caractéristique *all right* de l'Anglais est d'un usage si fréquent aux États-Unis que l'on a fini par l'y écrire en un seul mot.

Ces exemples dus à l'*inventiveness* américain sont nombreux, et l'on ne saurait les énumérer tous. Deux expressions cependant paraissent éminemment typiques pour démontrer cette influence d'un travail intense sur les idées, et partant, le caractère de tout un peuple. Ces deux exemples étant devenus aujourd'hui, comme d'ailleurs plusieurs des expressions précitées, d'un usage presque aussi courant en Angleterre qu'aux États-Unis, on se défend d'avance contre l'accusation d'avoir confondu ce qui n'était qu'anglais, avec un terme dont on voulait déduire des données psychologiques sur le peuple américain. Ce reproche pécherait, en effet, par la base, car s'il est incontestable que plusieurs de ces termes ont acquis à notre époque affairée des significations spéciales, et qu'il serait difficile à l'heure qu'il est, d'établir si ces significations leur ont été données d'abord en Angleterre ou en Amérique, on ne saurait attribuer à cette circonstance une grande portée; en effet, c'est précisément parce que ces termes ont pris aux États-Unis une extension générale que l'on peut les considérer comme symboliques pour l'analyse psychologique du peuple du Nouveau-Monde. Et à ce titre, l'Américain tenu en estime par ce qu'il vaut, *he is worth,* dix millions de dollars, est un type essentiellement national. C'est même, à un certain point de vue, un héros national, car dans la plupart des cas, il les vaut vraiment, ces dix millions qu'il a conquis par ses capacités. Bien américaine aussi, même si elle est en même temps anglaise, la désignation d'un *good man,* homme honnête, et surtout qui sait travailler. Quelle marge sépare cette acception du « bonhomme » !

Outre les termes de l'ordre précité tenant leur raison d'être d'un des grands facteurs de la vie d'outre-mer, il y a ceux qui ont changé de signification aux États-Unis, sans pour cela offrir le moindre intérêt au philologue. On ne dit pas *autumn* là-bas, mais *fall;* on ne dit pas généralement, du moins pas dans le même sens, *town*, mais *city*. *Corn*, aux États-Unis, ne signifie plus blé, mais maïs, et le mot anglais *clever* (habile) veut y dire aussi agréable. Il y a eu aussi, évidemment, une influence partielle des différentes races émigrées, et nombre d'expressions françaises et allemandes surtout ont été introduites dans le parler actuel et adoptées définitivement. On ne peut guère citer de cas, cependant, dans lequel l'introduction d'un mot étranger ait coïncidé avec celle d'une nouvelle idée importante. Ces expressions ne sauraient donc aucunement présenter d'intérêt pour la psychologie du peuple américain.

ERRATA

Page 88, ligne 11, au lieu de : *telles que Harvard College, Cambridge près de Boston et Yale,*

lire : *telles que Harvard College près de Boston, Princeton et Yale...*

Même page, avant-dernière ligne, au lieu de : *Aussi n'est-ce pas dans ces institutions élégantes,*

lire : *Aussi n'est-ce pas le plus souvent dans ces institutions élégantes...*

Page 205, ligne 2 ; page 214, ligne 18 ; page 216, ligne 6, et page 223, ligne 6,

au lieu de : *la Dominion,*

lire : *le Dominion.*

Page 122, ligne 4,

au lieu de : *de la Dominion,*

lire : *du Dominion.*

TABLE DES MATIÈRES

PARIS. — TYP. PLON-NOURRIT ET Cie, RUE GARANCIÈRE, 8. — 6848.

A LA MÊME LIBRAIRIE

Au Pays de « la Vie intense », par l'abbé Félix KLEIN, professeur à l'Institut catholique de Paris. 6e édition revue. Un vol. in-16 . . . . 3 fr. 50

L'Amazonie, par A. PLANE. 2e édition. Un vol. in-16 avec 15 gravures hors texte et deux cartes. . . . . 4 fr.

A travers l'Amérique équatoriale. — **Le Pérou**, par Auguste PLANE. 2e édition. Un vol. in-16 avec 23 gravures hors texte et deux cartes. . . . . 4 fr.

Études américaines. Race blanche — Race noire — Race rouge — Jones de Chicago, par H. GAULLIEUR. Un vol. in-18 . . 3 fr. 50

La Main-d'œuvre dans les Guyanes, par Jean DUCHESNE-FOURNET. Un vol. in-8° avec un portrait en héliogravure. Prix . . . . 6 fr.

Autour de Chicago. Notes sur les États-Unis, par Georges SAUVIN. Un vol. in-18 . . . . 3 fr. 50

Aux États-Unis. Notes de voyage, par F. MOREAU, avec un croquis de l'auteur. Un vol. in-18 . . . . 3 fr. 50

Les États-Unis contemporains, ou les institutions, les mœurs et les idées depuis la guerre de sécession, par Claudio JANNET, avec une lettre de M. F. LE PLAY. 4e édition. Deux vol. in-18. . . . . 8 fr.

Un Été en Amérique, par M. Jules LECLERCQ. 2e édition. Un vol. in-18. . . . . 4 fr.

En visite chez l'oncle Sam, New-York et Chicago, par le baron E. DE MANDAT-GRANCEY. 3e édition. Un vol. in-18 avec gravures. Prix . . . . 4 fr.

(Couronné par l'Académie française, prix Lambert.)

De l'Atlantique au Pacifique, à travers le Canada et le nord des États-Unis, par le baron Étienne HULOT. 2e édition. Un vol. in-18 avec carte et plan . . . . 4 fr.

(Couronné par l'Académie française, prix Montyon.)

Dans les montagnes Rocheuses, par le baron E. DE MANDAT-GRANCEY. 3e édition. Un vol. in-18 avec dessins de CRAFTY et carte spéciale . . . . 4 fr.

(Ouvrage couronné par l'Académie française, prix Montyon.)

La France transatlantique. — **Le Canada**, par S. CLAPIN. Un vol. in-16 avec carte et gravures. Cartonné tranches jaspées, 4 fr. ; tranches dorées, 5 fr. ; Relié

PARIS. TYP. PLON-NOURRIT ET Cie, 8, RUE GARANCIÈRE. — 8848.